Karsten „Ted" Aschenbrandt

FISCH PUR!

HEEL

HEEL Verlag GmbH
Gut Pottscheidt
53639 Königswinter
Tel.: 0 22 23 92 30-0
Fax: 0 22 23 92 30-13
E-Mail: info@heel-verlag.de
www.heel-verlag.de

© 2012: HEEL Verlag GmbH

Autor: Karsten „Ted" Aschenbrandt
Satz und Gestaltung: Claudia Renierkens, renierkens kommunikations-design, Köln
Lektorat und Projektmanagement: Ulrike Reihn-Hamburger

Fotos: Thomas Schultze
Mit Ausnahme von:
Fotolia.com: Wellenmotiv © juland; S. 8–9 © Olga Drabovich (Flusskrebs), © Andre Martin (Jakobsmuschel), © Unclesam (Languste), © ExQuisine (Scampi), © sabino.parente (Garnelen), © Malena und Philipp K (Makrele, Kabeljau, Seelachs, Zander), © lunamarina (Thunfisch), © Picturefoods.com (Seeteufel, Petersfisch), © Witold Krasowski (Lachs), © o.meerson (Sardine), © antonio scarpi (Red Snapper), © gavioneta (Meerbarbe), © HelleM (Matjes)

Printed in Germany
by Offizin Andersen Nexö

ISBN 978-3-86852-610-3

Inhalt

Vorwort 4
Qualität und Frische 5

KÜCHENPRAXIS

Übersicht über die Fische und Meeresfrüchte 8
Das wichtigste Zubehör 10

Fische
- Ganze Fische zum Grillen vorbereiten 12
- Rundfische filetieren 14
- Plattfische filetieren 19
- Seeteufel auslösen 23

Meeresfrüchte
- Kalmare 26
- Garnelen putzen 30
- Pulpo 33

REZEPTE

Fischfilets
- Doradenfilet mit Schinken und Kürbis 38
- Fischsuppe mit Ingwer und Limette 40
- Gegrillte Thaiforelle 42
- Makreleneintopf mit Chorizo 44
- Matjes-Tartar 46
- Meerbarbe auf Zucchini 48
- Saint Pierre en Papilotte 50
- Snapper auf Gemüserösti mit Beurre blanc 52
- Red-Snapper Cajun-Style 54
- Sardinen mit Pesto Verde 56
- Saltimbocca vom Seeteufel 58
- Seezunge Provençale 60
- Thunfisch-Tartar 62
- Thunfischsteaks 64
- Lachsfilet in Meerrettichkruste 66
- Gegrilltes Lachssteak mit Salsa Roja 68

- Gravad Lax 70
- Lachstornado mit Apfelsauce und Gemüsejuliennes 72
- Fischfrikadellen auf Toast 74
- Saibling im Wirsingblatt 76
- Fischgulasch 78
- Zanderstrudel 80

Ganze Fische
- Dorade, stehend gegrillt 84
- Dorade, am Stück gegrillt 86
- Ganze Scholle mit Parmesankruste 88
- Lachsforelle mit Chilipaste im Bananenblatt 90
- Heißgeräucherter Saibling 92
- Wolfsbarsch mit Ingwer und Koriander 94

Meeresfrüchte
- Langustenschwänze mit Champagnersauce 98
- Riesengarnelen 100
- Käse-Shrimps-Röllchen im Speckmantel 102
- Spieße aus Seeteufel und Garnelen 104
- Thai Scampi 106
- Jakobsmuschel in der Tomate 108
- Jakobsmuscheln mit Guacamole auf Tortilla-Chips 110
- Thunfisch-Muschel-Spieße 112
- Kalmare mit Schafskäse 114
- Gebratener Polpo mit Limettenvinaigrette 116
- Crabcakes 118

Beilagen
- Curry-Ingwer-Reis 122
- Strohkartoffeln 123
- Rucola-Salat mit Tomaten und Speck 123
- Mango-Salsa mit Gurke 124
- Ananas-Salsa 125

Rezeptregister 126
Register 127
Der Autor 128

Vorwort

Frische Fische und Meeresfrüchte finden sich heute ganz selbstverständlich in den Fischtheken jedes gut sortierten Fachhändlers und Supermarktes. Ob im Ganzen oder als Filet, pur oder mariniert, die Auswahl scheint grenzenlos und wird nur noch übertroffen durch das reiche Angebot an Tiefkühl-, Räucher- und Konservenprodukten.

Zur Beurteilung der Qualität und Frische der Produkte gibt es einige Merkmale, die sich leicht vor Ort überprüfen lassen. Eine praktische kurze Übersicht finden Sie auf der nächsten Seite.

Doch nicht nur Qualität und Frische sind für einen vollendeten Genuss unerlässlich, auch die richtige Vorbereitung der Fische und Meeresfrüchte ist entscheidend. Und so finden Sie im Kapitel *Küchenpraxis* zahlreiche praktische Schritt-für-Schritt-Anleitungen zum Umgang mit Rund- und Plattfischen, Garnelen, Scampi, Kalmaren etc.

Der Großteil dieses Buches ist jedoch den Rezepten gewidmet. Sie werden in der Regel auf dem Grill zubereitet, einige aber auch im Topf, der Pfanne oder dem Backofen – wohin man z. B. bei schlechtem Wetter auch immer ausweichen kann. Hinweise auf alternative Garmethoden finden Sie ggf. in Kästen am Seitenende.

Und sollten Sie einen im Rezept genannten Fisch einmal nicht bekommen, lassen Sie sich von Ihrem Händler ruhig beraten, denn meist kann er eine vorzügliche Alternative empfehlen.

Darauf sollten Sie beim Fischkauf achten:

Der Fisch sollte selbstverständlich frisch sein – ganz besonders, wenn Sie ihn z. B. als Tartar oder Sushi roh essen möchten. Kaufen Sie ihn daher beim Fischhändler Ihres Vertrauens und fragen Sie ruhig nach der Herkunft. Erkundigen Sie sich danach, welche Fische morgens frisch angeliefert wurden oder greifen Sie im Zweifel in die Kühltruhe. Ihr Fischhändler nimmt den Fisch auch gerne für Sie aus und entschuppt, häutet oder filetiert ihn – fragen Sie ihn danach. Die Abschnitte und Krustentierschalen sollten Sie mitnehmen, sie bilden eine schöne Grundlage für Fonds oder Saucen. Wollen Sie selbst Hand oder Messer anlegen, finden Sie im Kapitel *Küchenhilfe* zahlreiche Anleitungen und Techniken.

- **Der Geruch** des Fisches sollte neutral sein, evtl. mit einer leichten Note nach Meer und Salz. Sollte er ein „fischiges" Aroma verströmen, lassen Sie den Fisch lieber liegen.

- **Die Augen** sollten klar sein und glänzen. Bei altem Fisch werden sie milchig-trüb und weich.

- **Die Kiemen** müssen klar und rot sein, sie sollten nicht kleben und dürfen keine Flecken zeigen.

- **Die Haut** sollte weich sein, eine appetitliche Farbe haben und natürlich glänzen. Sie darf keine Schäden oder Dellen aufweisen. Eine schöne Schleimschicht ist bei vielen Fischen ebenfalls ein Indiz für Frische.

- **Das Fleisch** muss fest sein und auf Fingerdruck elastisch nachgeben. Auch Filets oder Fischstücke dürfen keine trockenen Stellen oder Ränder zeigen.

Frischen Fisch sollten Sie am Einkaufstag zubereiten, spätestens aber am Tag darauf. Geben Sie ihn in einen tiefen Teller und stellen Sie ihn mit Frischhaltefolie abgedeckt in den Kühlschrank. Wollen Sie ihn aufbewahren, sollten Sie ihn sofort nach dem Einkauf luftdicht verpackt einfrieren. Für Angler lohnt sich ein Vakuumiergerät.

Tiefkühlfisch ist häufig von ausgezeichneter Qualität, da er oft schon wenige Minuten nach dem Fang auf dem Schiff schockgefrostet wird. Tauen Sie ihn langsam im Kühlschrank auf, gießen Sie das Auftauwasser weg und frieren Sie einmal aufgetauten Fisch nicht wieder ein.

ÄHNLICHES GILT AUCH FÜR MEERESFRÜCHTE:

Ob Garnelen, Scampi, Pulpo oder Muscheln – die Tiere sollten ebenfalls frisch sein. Sie dürfen keinen unangenehmen Geruch verbreiten und Augen, Körper und Haut sollten – soweit vorhanden – unbeschadet sein und natürlich glänzen. Trockene Stellen oder Schäden können auf Qualitätsmängel oder längere Liegezeiten hinweisen.

HERKUNFT

Der Kauf von Fischen oder Meeresfrüchten aus Aquakulturen ist Vertrauenssache, bevorzugen Sie Tiere aus heimischer Zucht. Wildfänge heben sich qualitativ meist deutlich von ihren kultivierten Artgenossen ab, doch sind leider viele Bestände durch Raubbau stark rückläufig.

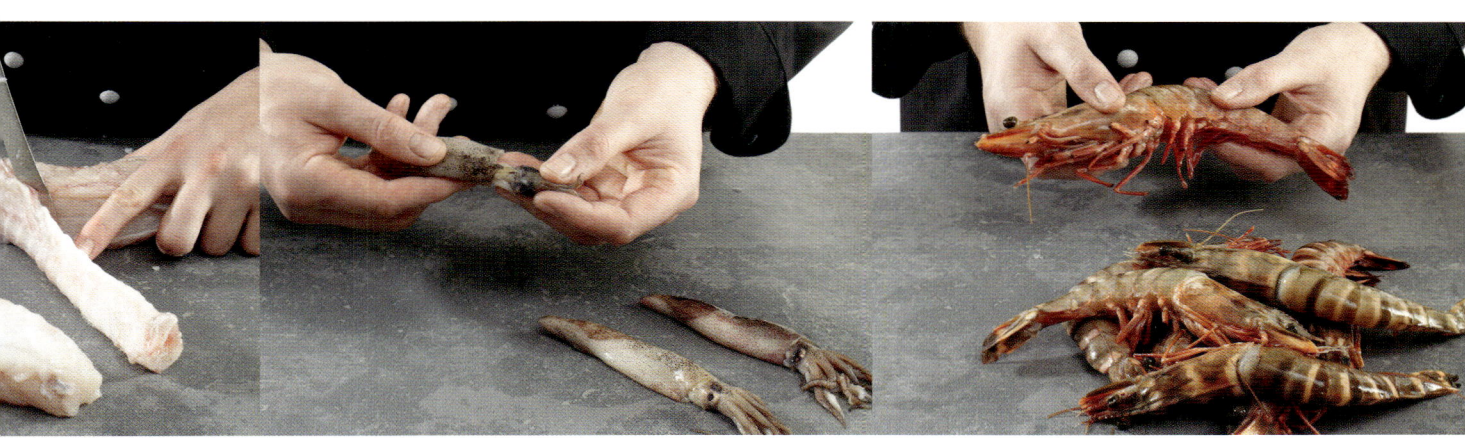

KÜCHENPRAXIS

Dorade/Goldbrasse (*Sparus aurata*)

Forelle (Regenbogen-) (*Oncorhynchus mykiss*)

Kabeljau/Dorsch (*Gadus morhua*)

Lachs (*Salmonidae*)

Makrele (*Scomber scombrus*)

Matjes/Hering (*Clupea*)

Meerbarbe/Seebarbe (*Mullidae*)

Petersfisch/
Heringskönig/
Martinsfisch (*Zeus faber*)

Red-Snapper/Malabar-Schnapper (*Lutjanus malabaricus*)

Saibling (*Salvelinus*)

Sardine (*Sardina pilchardus*)

Scholle/
Goldbutt
(*Pleuronectes platessa*)

Seelachs/Köhler (*Pollachius virens*)

Seeteufel/
Anglerfisch
(*Lophius piscatorius*)

Seezunge (*Solea solea*)

Thunfisch (*Thunnus*)

Wolfsbarsch/Streifenbarsch (*Moronidae*)

Zander (*Sander lucioperca*)

Flusskrebs

Garnelen

Jakobsmuschel

Kalmar
(*Teuthida*)

Languste
(*Palinuridae*)

Pulpo/
Oktopus/
Krake
(*Octopus vulgaris*)

Scampi/
Kaisergranat
(*Nephrops
norvegicus*)

Das wichtigste Zubehör

FILETIERMESSER
Mit einem flexiblen oder halbflexiblen Messer aus
rostfreiem Edelstahl wird das Auslösen und Portionieren
des Fisches erheblich erleichtert.

FISCHSCHUPPER
Fischschupper gibt es in zahlreichen
Ausführungen und Typen – von einfach
gezahnt bis elektrisch.

GRÄTENPINZETTE
Mit einer Grätenpinzette
lassen sich einzelne im
Fleisch verbliebene Gräten
leicht entfernen.

Zur professionellen Vor- und Zubereitung von Fischgerichten benötigen Sie einige wenige Werkzeuge, die nicht unbedingt teuer, aber stabil und zuverlässig sein sollten. Diese Basisgeräte werden in den unterschiedlichsten Ausführungen angeboten, sollten aber immer scharf und sauber sein.

GEFLÜGEL- ODER HAUSHALTSSCHERE
Eine scharfe, kräftige Schere ist zum Abtrennen der Fischflossen und zur Vorbereitung der Meeresfrüchte unentbehrlich.

KLEINES FISCH- ODER KÜCHENMESSER
Ein solches kleines Fisch- oder Küchenmesser mit einseitig geschliffener, kräftiger Klinge eignet sich ideal für senkrechte, gerade Schnitte.

Ganze Fische zum Grillen vorbereiten

Zur Demonstration dieser Techniken verwenden wir eine küchenfertige Dorade, die zunächst unter fließendem kaltem Wasser abgespült und dann trockengetupft wurde.

Grillt man einen Fisch am Stück, bleiben die Flossen oft am Grillrost kleben. Sie werden daher vorher mit einer Schere entfernt. Die Rückenflosse kann zudem sehr spitz sein.

Schneiden Sie die Seitenflossen am Flossenansatz ab.

Ebenso die Bauchflossen und die Afterflosse.

Um ihr ein schöneres Aussehen zu verleihen, ...

... wird die Schwanzflosse keilförmig eingeschnitten.

Jetzt kann der Fisch sicher
und leicht vom Schwanzende
Richtung Kopf entschuppt
werden.

Rundfische filetieren

Zur Demonstration dieser Techniken verwenden wir eine
küchenfertige Dorade, die zunächst unter fließendem kaltem
Wasser abgespült und dann trockengetupft wurde.

Setzen Sie zunächst mit einem
Filetiermesser hinter den Kiemen
und der Brustflosse einen Schnitt
schräg nach vorne an und
schneiden Sie bis zur Mittelgräte.

Drehen Sie den Fisch auf die andere Seite und schneiden Sie ebenfalls hinter den Kiemen und der Brustflosse schräg nach vorne. Die Mittelgräte wird nun durchtrennt.

Der Kopf lässt sich jetzt mitsamt den Kiemen und den Brustflossen entfernen.

Legen Sie den Fisch flach auf die Arbeitsfläche und setzen Sie das Messer an der Kopfseite auf der Mittelgräte horizontal zum Schnitt an.

Führen Sie das Messer vorsichtig auf der Mittelgräte zum Schwanzende. Das Messer wird dabei immer in Richtung der Gräten geführt, um das Fleisch nicht zu verletzen.

Achten Sie dabei darauf, die Mittelgräte nicht zu durchtrennen, dann kann das Filet einfach und ohne Gräten abgehoben werden.

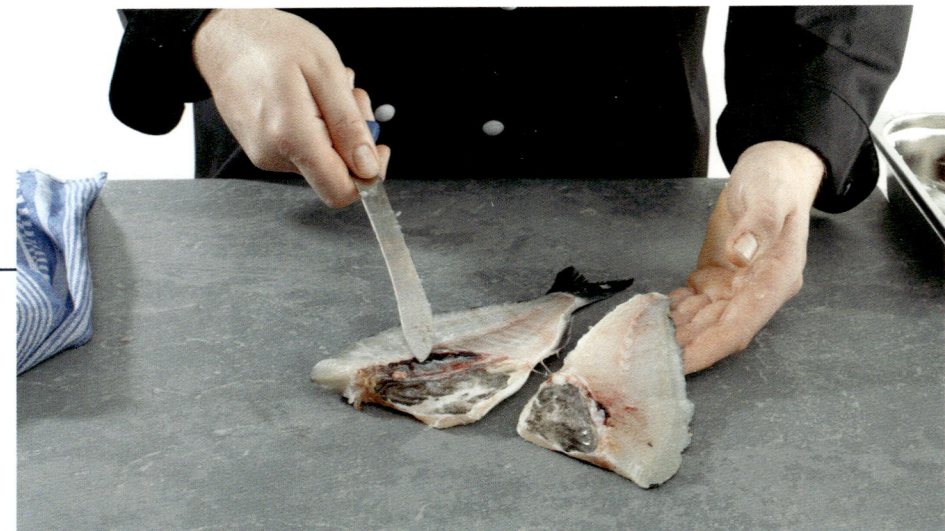

Drehen Sie den Fisch nun auf die Innenseite und wiederholen Sie die letzten Schritte auf der anderen Seite des Fisches.

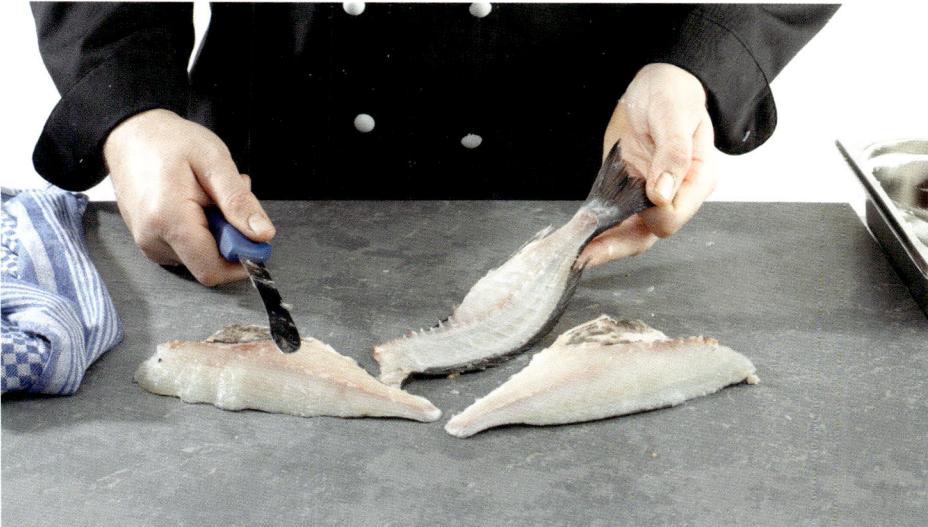

Hier sind beide Filets ausgelöst und die Mittelgräte an
einem Stück sauber entfernt.

Entfernen Sie als nächstes
die Bauchgräte mit einem
schrägen Schnitt.

Im Filet verbliebene
Gräten werden mit einer
Pinzette entfernt.

Zum Häuten wird das Filet flach auf die Hautseite gelegt. Schneiden Sie mit dem Filetiermesser unter dem Fleisch flach an der Haut entlang in Richtung Kopfseite. Halten Sie die Haut dabei unter Spannung.

Wenn das Messer flach geführt wurde, sollte kein Fleisch an der Haut zurückbleiben.

Diese Filets sind zur weiteren Verwendung bereit.

Die Mittelgräte eignet sich hervorragend zur Zubereitung eines Fischfonds. Die Flossen werden vorher mit einer Schere abgeschnitten.

Plattfische filetieren

Zur Demonstration dieser Techniken verwenden wir eine küchenfertige Seezunge, die zunächst unter fließendem kaltem Wasser abgespült und dann trockengetupft wurde.

Anders als Rundfische werden Plattfische zuerst gehäutet. Dazu wird die Haut zunächst am Schwanzende eingeschnitten.

Jetzt können Sie sie mit
dem Messer anheben ...

... und vorsichtig in
einem Stück vom Fisch
abziehen.

Nun ist der Fisch
sauber gehäutet.

Schneiden Sie den Fisch nun an der Seitenlinie auf der Mittelgräte ein und trennen Sie Rücken- und Brustfilet voneinander. Lösen Sie zunächst das Rückenfilet ...

... und dann das Bauchfilet vorsichtig aus.

Achten Sie dabei darauf, den empfindlichen Rogensack nicht zu verletzen, damit keine Flüssigkeit austritt.

Nachdem das Brustfilet entfernt wurde, kann der Rogensack einfach ausgelöst werden.

Lösen Sie anschließend die beiden Filets der anderen Seite ebenfalls aus.

Seeteufel auslösen

Zur Demonstration dieser Techniken verwenden wir einen handelsüblichen Seeteufelschwanz mit einem Gewicht von etwa 2 ½ kg, der unter fließendem kaltem Wasser abgespült und trockengetupft wurde.

Seeteufel kommen zwar fast immer ohne Kopf in den Handel, verlangen aber dennoch nach etwas Vorbereitung.

Schneiden Sie zunächst mit einer Schere die Rücken- und die Bauchflosse ab.

Entfernen Sie dann mit einem scharfen Messer in kurzen Schnitten sämtliche Häute. Arbeiten Sie dabei immer vom Kopf zum Schwanz.

Auch die feinen Innenhäute müssen entfernt werden.

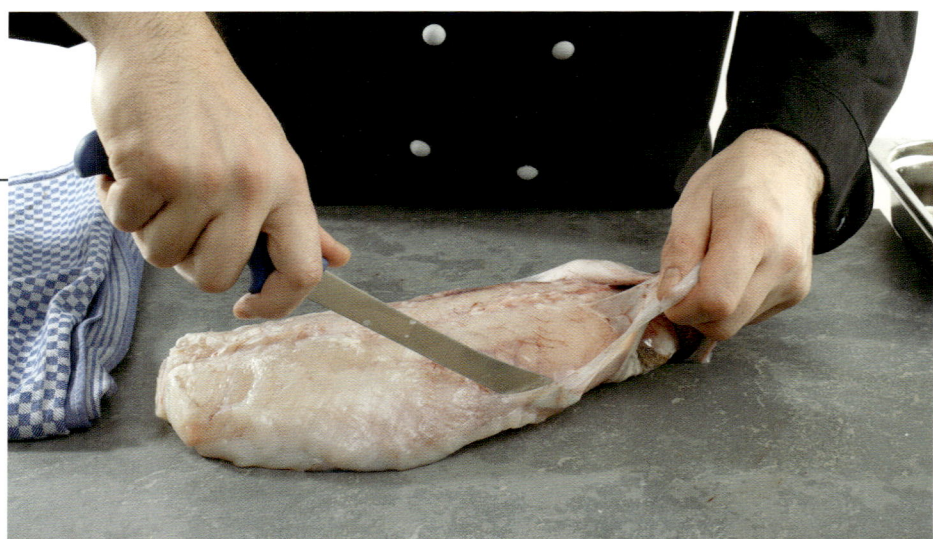

Jetzt ist der Seeteufelschwanz komplett gehäutet und fertig zum Auslösen.

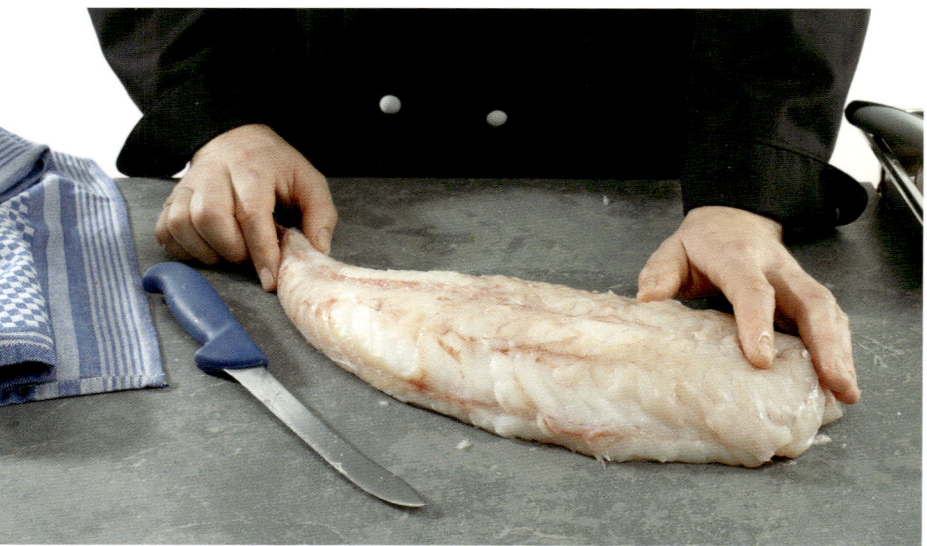

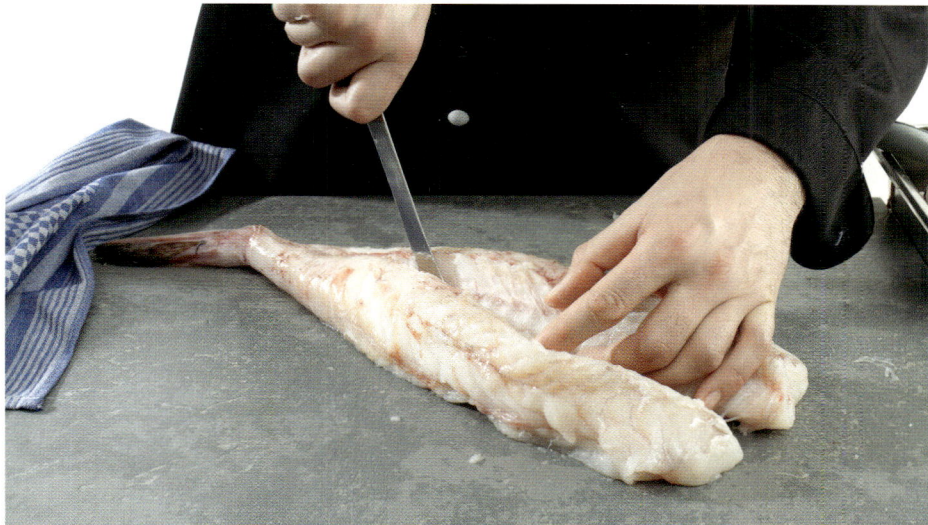

Trennen Sie nun die Filets ...

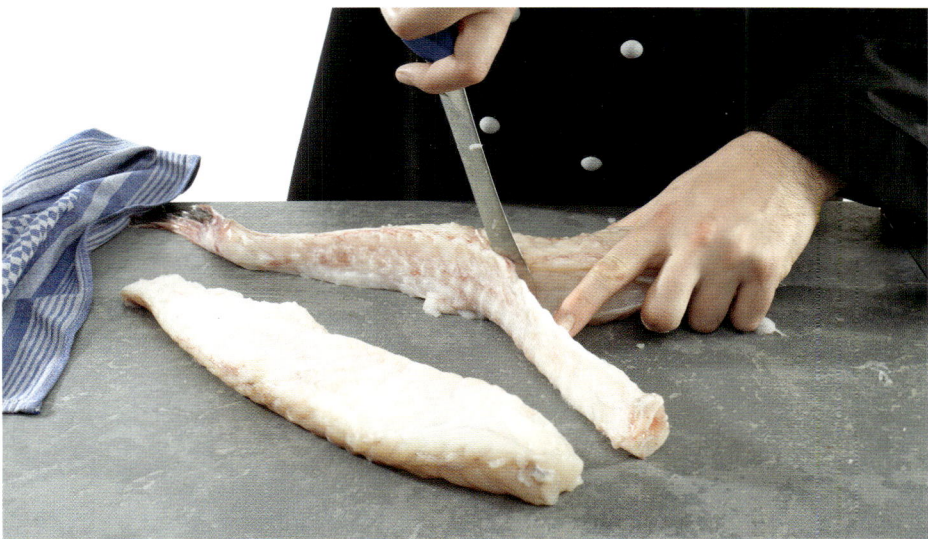

... durch einen Schnitt von oben von der Mittelgräte.

Hier sehen Sie die beiden fertig ausgelösten Filets und die übriggebliebene Mittelgräte.

Kalmare

Kalmare gehören zur Gruppe der Zehnarmigen Tintenfische. Im Handel sind die Kopffüßer oft in einer Größe von 5–20 cm erhältlich. Spülen Sie die Kalmare unter fließendem kaltem Wasser ab und tupfen Sie sie trocken.

Ziehen Sie den Kopf langsam aus dem Tubus.

Wenn Sie langsam ziehen, löst sich hierbei bereits ein Teil der Innereien.

Durch vorsichtiges Ausdrücken
vom Schwanzende aus …

… können verbliebene Innereien
leicht entfernt werden.

Ziehen Sie nun mit den Fingern
das Fischbein heraus.

Durch Ziehen an den Flügeln
reißt die Haut auf …

… die dann leicht über den
Tubus gezogen werden kann.

Schneiden Sie dann die
Innereien …

... und die Augen vom Kopf ab.

Der Schnabel kann auf der Unterseite des Kopfes leicht herausgedrückt und entfernt werden.

Jetzt sind die Kalmare fertig geputzt und bereit zur weiteren Verwendung.

Garnelen putzen

Unter dem Namen „Garnelen" werden einige nicht unmittelbar verwandte Krebse zusammengefasst – Langusten, Hummerartige (z. B. „Scampi") oder Flusskrebse zählen nicht dazu. Die Größenklassifikation (z. B. 6/8) bezieht sich auf den sogenannten „Count", d.h. die Stückzahl mit Kopf pro Kilogramm.

Halten Sie die Garnele mit beiden Händen am Kopf- und am Schwanzende fest.

Ziehen Sie nun den Kopf vorsichtig ab, ohne dass das oberste Glied abbricht.

Trennen Sie den Panzer mit einer Schere längs zwischen den Beinen auf.

Jetzt kann die Schale entfernt und das Fleisch ausgelöst werden.

Schneiden Sie die Garnele mit einem Messer vorsichtig auf der Rückseite ein ...

... und ziehen Sie den Darm am Stück heraus, dann sind die Garnelen zur weiteren Verarbeitung bereit.

Die Garnelenschalen eignen sich hervorragend für einen Krustentierfond.

Pulpo

Kraken bilden eine Teilgruppe der Achtarmigen Tintenfische. Damit der Oktopus nicht zäh und gummiartig schmeckt, sollte er in einem Sud aus Gemüse und Kräutern gekocht werden – so wird er butterzart und eine wahre Gaumenfreude.

Trennen Sie zunächst mit einem Schnitt oberhalb der Augen den Kopf von den Beinen.

Schneiden Sie dann die Augen ab, indem Sie mit einem geraden Schnitt die gesamte Partie vom Körper entfernen.

Der Schnabel lässt sich auf der Unterseite des Körpers leicht herausdrücken.

Kochen Sie den Pulpo mit Gemüse und Kräutern in einem Topf mit reichlich Wasser weich.

Als Garprobe können Sie mit einem Messer in den Pulpo stechen: gleitet er ab, ist er gar.

Entfernen Sie nun vom Kopf aus die Haut. Nach dem Kochen lässt sie sich leicht abziehen.

Kopf und Körper können nun zur weiteren Verwendung klein geschnitten werden.

FISCHFILETS

Doradenfilet mit Schinken und Kürbis

Für 4 Portionen

ZUTATEN:

4		Doradenfilets ohne Haut, je ca. 120 g
2	Scheiben	roher Schinken, z. B. Parma oder Serrano, in Streifen geschnitten
500	g	Hokkaidokürbis
120	g	brauner Zucker
100	ml	weißer Balsamico
100	ml	Wasser
3		Sternanis
1		Lorbeerblatt
1		Limette, Abrieb und Saft
		Kresse für die Garnitur
		Salz
		Pfeffer

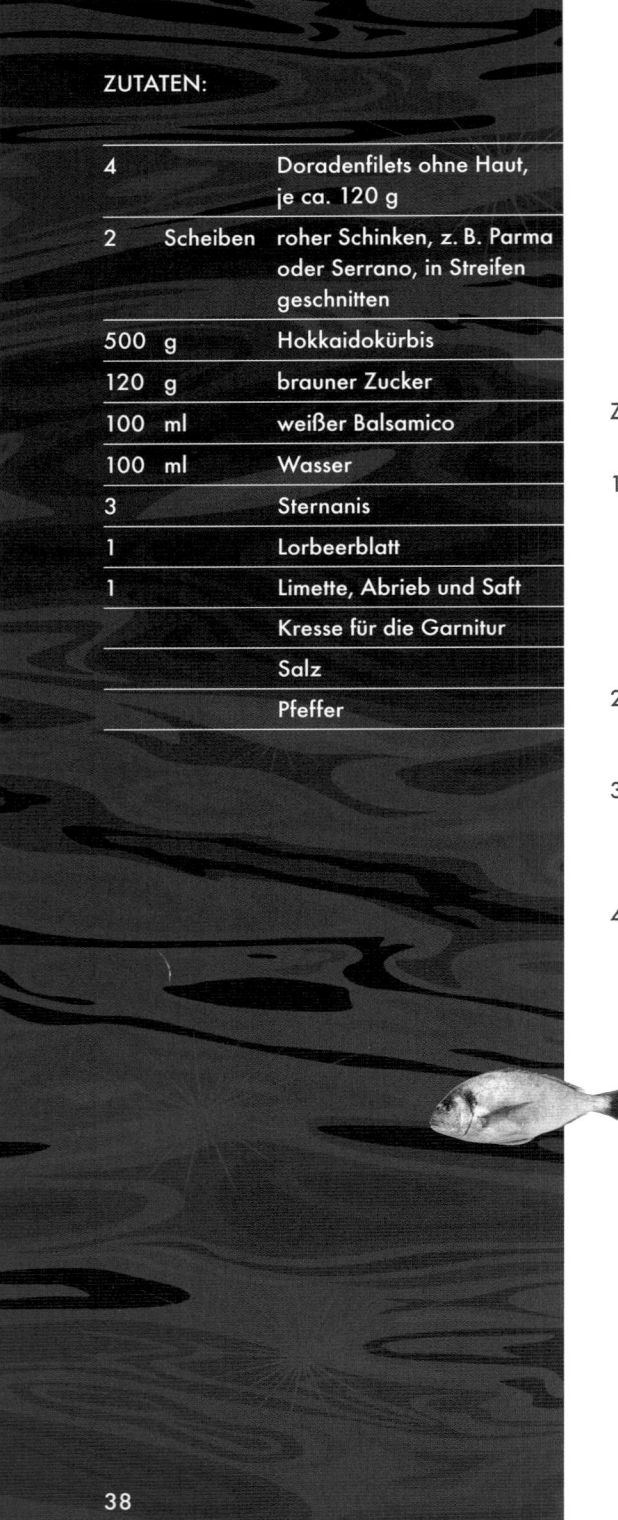

ZUBEREITUNG:

1. Den Kürbis schälen und würfeln. In einem Topf zusammen mit dem Zucker, dem Balsamico, dem Wasser, dem Sternanis, dem Lorbeer und dem Abrieb und Saft der Limette aufkochen und solange köcheln lassen, bis der Kürbis gar ist. Die Kürbiswürfel aus dem Sud herausnehmen und etwas abkühlen lassen.

2. Inzwischen die Fischfilets trockentupfen und auf der Fleischseite mit den Schinkenstreifen spicken.

3. Die Filets würzen und in etwas heißem Öl auf der Hautseite braten, bis das Fleisch weiß wird. Vorsichtig wenden und etwa 5 Sekunden auf der Fleischseite braten.

4. Mit den warmen Kürbiswürfeln und etwas Kresse anrichten und sofort servieren.

Fischsuppe mit Ingwer und Limette

Für 4 Portionen

ZUTATEN:

200	g	Doradenfilets
400	ml	Kokosmilch
1	EL	Ingwer, gehackt
1		Limette, Saft und Zesten
½	TL	Chilipulver
2	EL	Fischsauce (aus dem Asialaden)
2	TL	Zucker
100	g	kleine Champignons
2	EL	Koriander
		Salz
		Pfeffer

TIPP:
Wer es etwas edler mag, kann die Dorade durch Seeteufelfilet ersetzen.

ZUBEREITUNG:

1. Die Kokosmilch kurz zusammen mit dem gehackten Ingwer, dem Chilipulver und den Limettenzesten aufkochen, dann die Hitze reduzieren.

2. Die Doradenfilets würfeln und in die Kokosmilch geben. Die Fischsauce, den Zucker und den Limettensaft ebenfalls hinzufügen und 5 Minuten bei mittlerer Hitze kochen, bis der Fisch gargezogen ist. Mit Salz und Pfeffer abschmecken.

3. Zum Anrichten zuerst den Fisch aus dem Sud heben und auf Suppenteller verteilen. Anschließend die Suppe durch ein Sieb auffüllen.

4. Mit gehacktem Koriander und in Scheiben geschnittenen Champignons garnieren und sofort servieren.

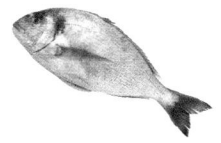

Gegrillte Thaiforelle

Für 4 Portionen

PFANNE:
3 Minuten auf
der Hautseite
braten.

ZUTATEN:

4		Forellenfilets mit Haut, pro Stück etwa 180 g
4	EL	Öl
2		Zitronen, Zesten
1	EL	gelbe oder grüne Thai-Currypaste
1	EL	Sojasauce
2	EL	Mango-Chutney
1	Bund	Frühlingszwiebeln, frisch gehackt
		Salz
		Pfeffer

ZUBEREITUNG:

1. Die Frühlingszwiebeln hacken und mit den Zitronenzesten, der Currypaste, der Sojasauce und dem Mango-Chutney mischen. Das Öl nach und nach unterrühren und die Marinade mit Pfeffer und Salz würzen.

2. Die Forellenfilets gleichmäßig mit der Marinade überziehen und abgedeckt 2 Stunden im Kühlschrank ziehen lassen.

3. Die Marinade mit einem Tuch abtupfen und die Filets leicht einölen.

4. Bei mittlerer Hitze ca. 3 Minuten auf der Hautseite grillen und warm servieren.

Makreleneintopf mit Chorizo

Für 4 Portionen

ZUTATEN:

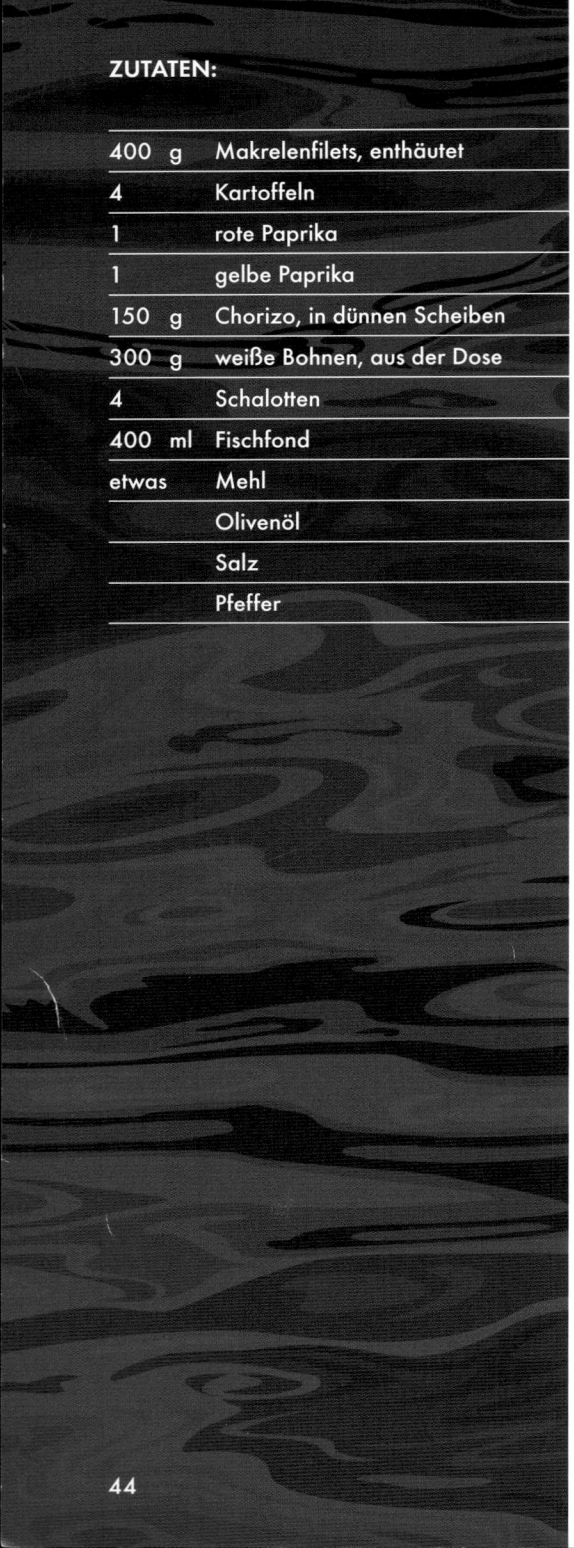

400	g	Makrelenfilets, enthäutet
4		Kartoffeln
1		rote Paprika
1		gelbe Paprika
150	g	Chorizo, in dünnen Scheiben
300	g	weiße Bohnen, aus der Dose
4		Schalotten
400	ml	Fischfond
etwas		Mehl
		Olivenöl
		Salz
		Pfeffer

ZUBEREITUNG:

1. Die Schalotten schälen und würfeln. Die Hälfte der Würfel in etwas heißem Öl glasig dünsten. Die gewürfelten Kartoffeln und die abgetropften Bohnen zufügen und 5 Minuten dünsten.

2. Den Fond angießen, mit Pfeffer und Salz abschmecken und 15 Minuten leise köcheln lassen.

3. Die restlichen Schalotten ebenfalls in etwas Öl anschwitzen. Die Paprika entkernen, schälen und würfeln und zu den Schalotten geben. Bei reduzierter Hitze abgedeckt 15 Minuten garen, bis die Paprika weich ist. Die Chorizo in dünne Scheiben schneiden, kurz vor dem Ende der Garzeit zufügen und einige Minuten mitgaren. Anschließend die Kartoffeln und Bohnen hinzugeben und warmstellen.

4. Die Makrelenfilets in mundgerechte Stücke schneiden, mit etwas Mehl bestäuben und kurz in heißem Öl anbraten. Anschließend in den Eintopf geben und weitere 5 Minuten garziehen.

5. Den Makreleneintopf im Topf servieren und am Tisch auf Teller verteilen.

Matjes-Tartar

Für 4 Portionen

ZUTATEN:

200	g	Matjesfilets, eingelegt
4	EL	Joghurt, natur
2	EL	Schnittlauch
1	EL	Zitronensaft
100	g	rote Beete
100	g	Pellkartoffeln
¼		Apfel
2	EL	Meerrettich, frisch gerieben oder aus dem Glas oder der Tube
		Salz
		Pfeffer

ZUBEREITUNG:

1. Den Joghurt, den in Röllchen geschnittenen Schnittlauch und den Meerrettich gut vermischen und mit Pfeffer und Salz abschmecken.

2. Die Kartoffeln, die rote Beete und den Apfel schälen und würfeln. Alles vorsichtig unter die Joghurtmasse heben und langsam miteinander vermengen.

3. Die Matjesfilets fein zerkleinern, in die Masse geben und behutsam unterheben.

4. Das Tartar über Nacht, mindestens aber 3–4 Stunden, im Kühlschrank durchziehen lassen.

5. Vor dem Servieren nochmals abschmecken und mit Hilfe von Dessertformen anrichten.

BEILAGEN-TIPP:

Dazu passt frisch gerösteter Toast.

Meerbarbe auf Zucchini

Für 4 Portionen

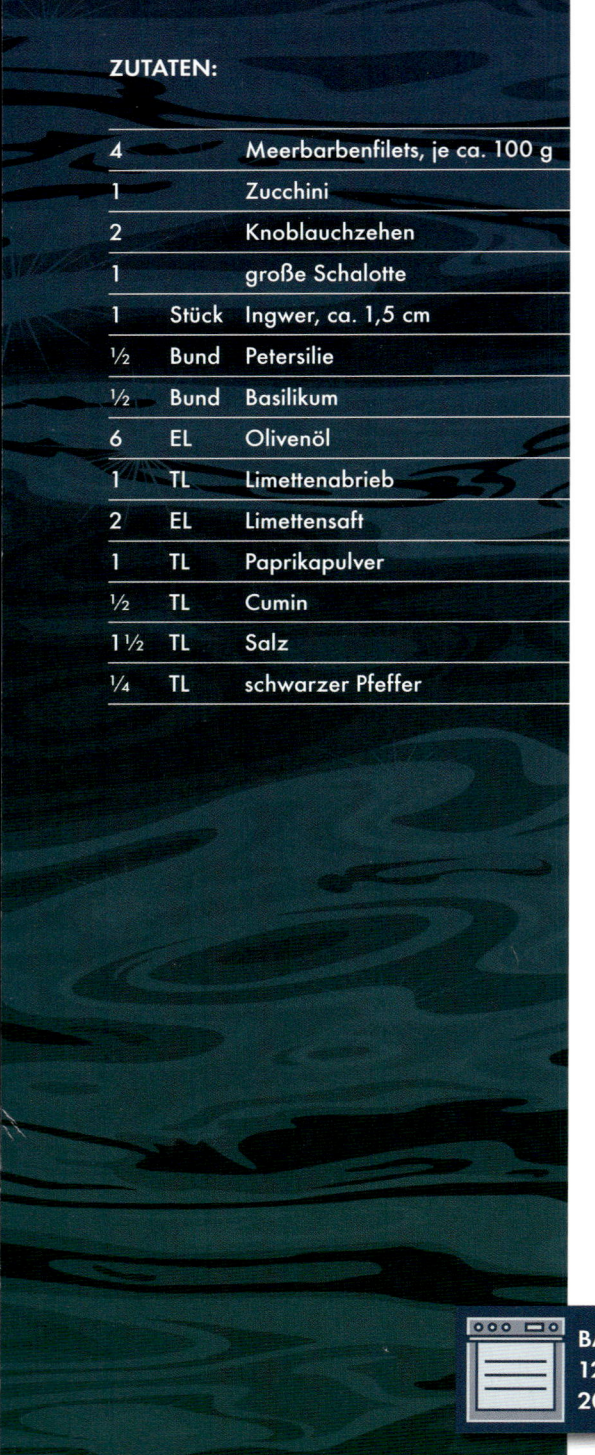

ZUTATEN:

4		Meerbarbenfilets, je ca. 100 g
1		Zucchini
2		Knoblauchzehen
1		große Schalotte
1	Stück	Ingwer, ca. 1,5 cm
½	Bund	Petersilie
½	Bund	Basilikum
6	EL	Olivenöl
1	TL	Limettenabrieb
2	EL	Limettensaft
1	TL	Paprikapulver
½	TL	Cumin
1½	TL	Salz
¼	TL	schwarzer Pfeffer

ZUBEREITUNG:

1. Für die Marinade die Knoblauchzehen, die Schalotte und den geschälten Ingwer grob zerkleinern und zusammen mit der Petersilie, dem Basilikum, dem Olivenöl, dem Limettenabrieb und -saft, dem Paprikapulver, dem Cumin, dem schwarzen Pfeffer und dem Salz mit dem Pürierstab zu einer groben Masse verarbeiten.

2. Aus der Zucchini vier ca. 1 cm dicke Scheiben schneiden. Den Fisch und die Zucchini mit Marinade bedecken und im Kühlschrank mindestens 2 Stunden ziehen lassen.

3. Je ein Filet mit der Hautseite nach oben auf eine Zucchinischeibe legen, pfeffern, salzen, mit etwas Öl besprühen und 12–15 Minuten bei 200 °C indirekt grillen.

BEILAGEN-TIPP:

Dazu passt Rucola-Salat mit Tomaten und Speck, siehe Seite 123.

BACKOFEN:
12–15 Minuten bei
200 °C backen.

Saint Pierre en Papilotte

Für 4 Portionen

ZUTATEN:

4		Petersfischfilets, je ca. 200 g
1		Zucchini
1		Karotte
1		Tomate
2		Schalotten
2	EL	Walnüsse, gehackt
50	ml	trockener Weißwein
		weißer Balsamico
		Olivenöl
		Butter
4	Blatt	Backpapier, 40 x 40 cm

TIPP:
Dieses Gericht schmeckt auch mit Dorade, Red-Snapper, Wolfsbarsch etc. ausgezeichnet.

ZUBEREITUNG:

1. Aus der Karotte und der Zucchini Juliennes schneiden. Die Tomate enkernen und fein würfeln, die Schalotte fein hacken.

2. Die Schalottenwürfel in etwas Butter glasig dünsten, dann mit dem Wein ablöschen und etwas weißen Balsamico einrühren. Die Sauce fast ganz reduzieren.

3. Die Gemüsejuliennes und die Tomatenwürfel gleichmäßig auf die Backpapierquadrate verteilen, jeweils mittig positionieren und mit etwas Olivenöl beträufeln.

4. Jeweils ein Fischfilet auflegen und mit 1 EL Schalotten bestreichen. Mit Pfeffer und Salz würzen, dann mit den gehackten Walnüssen bestreuen.

5. Das Papier zu kleinen Paketen einschlagen und die Enden mit Schnur zubinden.

6. Die Fischpäckchen 10 Minuten bei ca. 200 °C indirekter Hitze garen, dann im Papier noch heiß servieren.

BACKOFEN:
10 Minuten bei
200 °C garen.

Snapper auf Gemüserösti mit Beurre blanc

Für 4 Portionen

ZUTATEN:

4	Stücke	Red-Snapper-Filet, etwa 100–150 g
4		Zitronengrasstängel oder Spieße
1		Zucchini
2		Kartoffeln
1		Pastinake
2		Schalotten
5	EL	Weißwein
3	EL	weißer Balsamico
250	g	kalte Butter
1		Ei
2	EL	Sahne

ZUBEREITUNG:

1. Die Filets parieren, als Ziehharmonika auf die Zitronengrasstängel spießen und leicht mit Pfeffer und Salz würzen. Die Fischspieße etwa 6–8 Minuten bei mittlerer, direkter Hitze grillen, dabei einmal wenden.

2. Die Zucchini, die Kartoffeln und die Pastinake in Juliennes schneiden. Das Gemüse mit dem Ei vermengen und aus der Masse ovale Taler formen. In einer Pfanne leicht bräunen.

3. Für die Beurre blanc die fein gewürfelten Schalotten in Butter glasig dünsten, Wein und Essig hinzugeben und reduzieren lassen. Anschließend die Sahne zufügen und noch einmal reduzieren.

4. Sobald die Sauce etwas abgekühlt ist, die kalten Butterwürfel einrühren. Dabei darf sich die Butter nicht trennen, sie soll milchig-trüb bleiben.

5. Die Spieße auf den Rösti anrichten, mit der Beurre blanc nappieren und sofort servieren.

Red-Snapper Cajun-Style

Für 4 Portionen

ZUTATEN:

4		Red-Snapper-Filets, je 150 g, enthäutet
1	EL	Thymian, getrocknet
1	EL	Majoran, getrocknet
1	EL	Zwiebelpulver
1	EL	Knoblauchpulver
1	EL	Paprikapulver
1	EL	Cayennepfeffer
1	EL	Salz
1	EL	schwarzer, gemahlener Pfeffer
		Öl

ZUBEREITUNG:

1. Für die Cajun-Gewürzmischung zunächst den Thymian, den Majoran, das Zwiebel- und das Knoblauchpulver zusammen mit dem Pfeffer, der Paprika und dem Salz in einer beschichteten Pfanne ohne Öl rösten, bis sie zu duften beginnt.

2. Den Fisch dünn einölen, dann gleichmäßig mit der Gewürzmischung einreiben.

3. Zum Garen den Fisch jeweils 3 Minuten pro Seite grillen, die Gewürze dürfen ruhig eine dunkle Farbe annehmen.

4. Den Fisch noch heiß servieren.

BEILAGEN-TIPP:

Ananas-Salsa, siehe Seite 125.

Sardinen mit Pesto Verde

Für 4 Portionen

ZUTATEN:

12		Sardinenfilets, je ca. 30 g
1	Bund	Basilikum
50	g	Pinienkerne
50	g	Parmesan
1		Knoblauchzehe, zerdrückt
150	ml	Olivenöl
		Salz
		Pfeffer

ZUBEREITUNG:

1. Den Basilikum zusammen mit den Pinienkernen, dem geriebenen Parmesan, dem zerdrückten Knoblauch und etwas Pfeffer und Salz mit dem Mixstab fein pürieren. Langsam das Ölivenöl in einem dünnen Strahl zufügen, bis das Pesto eine glatte Konsistenz erreicht.

2. Die Sardinenfilets mit etwas Olivenöl beträufeln und mit Pfeffer und Salz würzen. Auf dem heißen Grill 4 Minuten garen, dabei einmal vorsichtig wenden.

3. Etwas Pesto auf den Fischen verteilen und sofort servieren.

PFANNE:
4 Minuten garen.

Saltimbocca vom Seeteufel

Für 4 Portionen

ZUTATEN:

8		Seeteufelmedaillons, je ca. 90 g
8		Salbeiblätter
8	Scheiben	Parmaschinken
8		große Tortellini, z. B. mit Steinpilzfüllung
2		Schältomaten aus der Dose
1		Zucchini
1		Limette, Saft und Abrieb
8	EL	Butter
		Salz
		Pfeffer

ZUBEREITUNG:

1. Die Tortellini kochen und beiseitestellen.

2. Die Seeteufelmedaillons mit Pfeffer und Salz würzen, mit dem Saft und dem Abrieb der Limette marinieren und in einen Gefrierbeutel geben. Im Kühlschrank 10 Minuten ziehen lassen.

3. Die Zucchini in Juliennes schneiden, die Tomaten fein würfeln. Die Tomaten in einer Pfanne dünsten und die Zucchinistreifen hinzugeben. 5 Minuten in den Tomaten garen, dann die Tortellini unterheben und alles warmstellen.

4. Die Medaillons mit jeweils einem Salbeiblatt belegen und über Kreuz in jeweils zwei längs halbierte Scheiben Parmaschinken einwickeln. Falls nötig mit einem Zahnstocher fixieren.

5. Die Fischpäckchen in einer Pfanne in reichlich Butter etwa 3 Minuten pro Seite braten.

6. Jeweils zwei Tortellini mit Zucchinijuliennes auf einem Teller anrichten, die Fischpäckchen dazugeben und sofort servieren.

Seezunge Provençale

Für 4 Portionen

ZUTATEN:

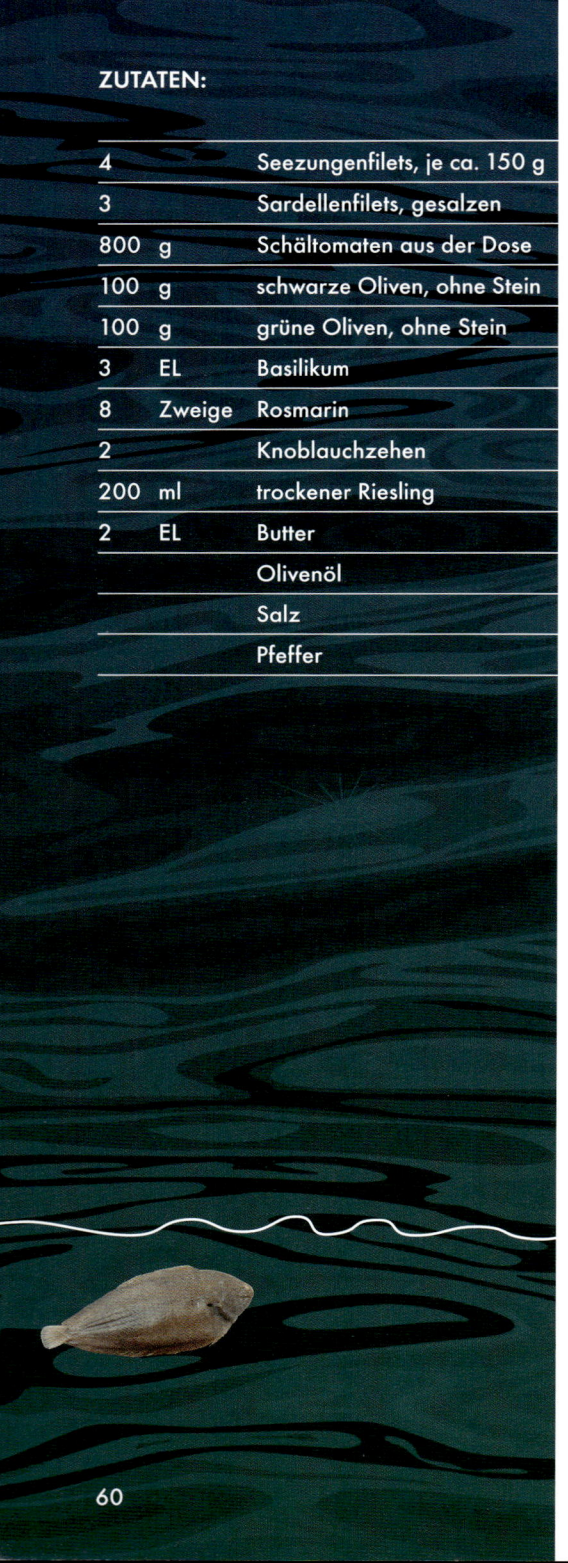

4		Seezungenfilets, je ca. 150 g
3		Sardellenfilets, gesalzen
800	g	Schältomaten aus der Dose
100	g	schwarze Oliven, ohne Stein
100	g	grüne Oliven, ohne Stein
3	EL	Basilikum
8	Zweige	Rosmarin
2		Knoblauchzehen
200	ml	trockener Riesling
2	EL	Butter
		Olivenöl
		Salz
		Pfeffer

ZUBEREITUNG:

1. Den Knoblauch schälen, fein hacken und 2 Minuten in Butter dünsten. Mit dem Riesling ablöschen. Die Schältomaten hacken, samt Saft in die Sauce geben und zum Kochen bringen. Die grünen Oliven grob hacken, zufügen und 15 Minuten leise köcheln lassen.

2. Die Basilikumblätter, die schwarzen Oliven und die Sardellenfilets hacken. Mit etwas Olivenöl mit dem Pürierstab zu einer glatten Paste verarbeiten.

3. Die Fischfilets mit der flachen Seite nach unten gleichmäßig mit der Paste bestreichen, dann aufrollen und mit einem Rosmarinzweig feststecken.

4. Die Sauce abschmecken und in eine kleine feuerfeste Form gießen. Die Seezungenröllchen daraufsetzen und bei 180 °C 12 Minuten garen.

Thunfisch-Tartar

Für 4 Portionen

ZUTATEN:

300	g	Thunfischfilet
1	Bund	Petersilie, fein gehackt
1	EL	Kapern, fein gehackt
1		Limette, Saft und Abrieb
½		rote Zwiebel
2	EL	Olivenöl
1	EL	Dijon-Senf
		Pumpernickeltaler
		Butter
		Zucker
		Salz
		Pfeffer

ZUBEREITUNG:

1. Die Zwiebel fein würfeln und mit dem Senf, dem Limettensaft und dem Öl verrühren. Mit etwas Limettenabrieb, Pfeffer, Salz und Zucker abschmecken.

2. Den Thunfisch leicht anfrieren, dann mit einem Messer sehr fein würfeln. Die Würfel unter die Marinade heben und beiseitestellen.

3. Die Pumpernickelscheiben in etwas Butter knusprig braten und etwas abkühlen lassen. Das Tartar darauf verteilen und sofort servieren.

TIPP:
Die Pumpernickeltaler können auch durch Toastbrot ersetzt werden.

Thunfischsteaks

Für 4 Portionen

ZUTATEN:

4		Thunfischsteaks, je 200 g
1	EL	Pfefferkörner
1	EL	Fenchelsaat
		Salz
		Pfeffer

ZUBEREITUNG:

1. Die Pfefferkörner und die Fenchelsamen ohne Fett in einer Pfanne rösten, bis sie duften, dann die warmen Gewürze in einem Mörser schroten.

2. Den Thunfisch leicht einölen und mit der Fenchelsaat-Pfeffer-Mischung einreiben. Auf dem heißen Grill kurz anbraten, die Steaks sollen innen noch roh, außen aber schön gegrillt sein.

3. Die Thunfischsteaks in Tranchen schneiden und sofort servieren.

BEILAGEN TIPP:

Curry-Ingwer-Reis, siehe Seite 122.

Lachsfilet in Meerrettichkruste

Für 4 Portionen

ZUTATEN:

4	Stücke	Lachsfilet, je 150 g, enthäutet
500	g	kleine Kartoffeln
600	g	frischer Spinat
1		mittelgroße Zwiebel
10	Scheiben	Toast, entrindet und fein zerbröselt
3	EL	Sahnemeerrettich
2	EL	Butter
1		Eigelb
		Muskat
		Öl
		Salz
		weißer Pfeffer

ZUBEREITUNG:

1. Die Kartoffeln schälen, würfeln und in reichlich Salzwasser kochen.

2. Inzwischen die Filetstücke pfeffern, salzen, mit etwas Muskat würzen und in etwas Öl von beiden Seiten anbraten, dann beiseitestellen.

3. Die Toastbrotscheiben entrinden und fein zerbröseln. Anschließend sorgfältig mit Eigelb und Meerrettich vermischen und gleichmäßig auf dem Fisch verteilen.

4. Die Zwiebel würfeln und in der Butter glasig dünsten. Erst die Kartoffelwürfel und nach 5 Minuten den Spinat dazugeben und zusammenfallen lassen. Ebenfalls salzen, pfeffern und mit etwas Muskat würzen.

5. Die Fischfilets in den auf 200 °C vorgeheizten Ofen geben und etwa 8 Minuten backen.

6. Den Spinat auf Tellern verteilen, den Fisch darauf anrichten und heiß servieren.

Gegrilltes Lachssteak mit Salsa Roja

Für 4 Portionen

ZUTATEN:

4		Lachssteaks, je ca. 150 g
½	TL	Cumin
½	TL	Paprikapulver
1	kleine Stange	Sellerie
2		Schalotten
3		Knoblauchzehen
2		Bird-Eye-Chilis, getrocknet
100	ml	Gemüsefond
4		Schältomaten aus der Dose
2	EL	Tomatenmark
2		Peperoni, eingelegt
4	EL	Limettensaft
2	EL	frischer Koriander, fein gehackt
		Zucker
		Öl
		Salz
		Pfeffer

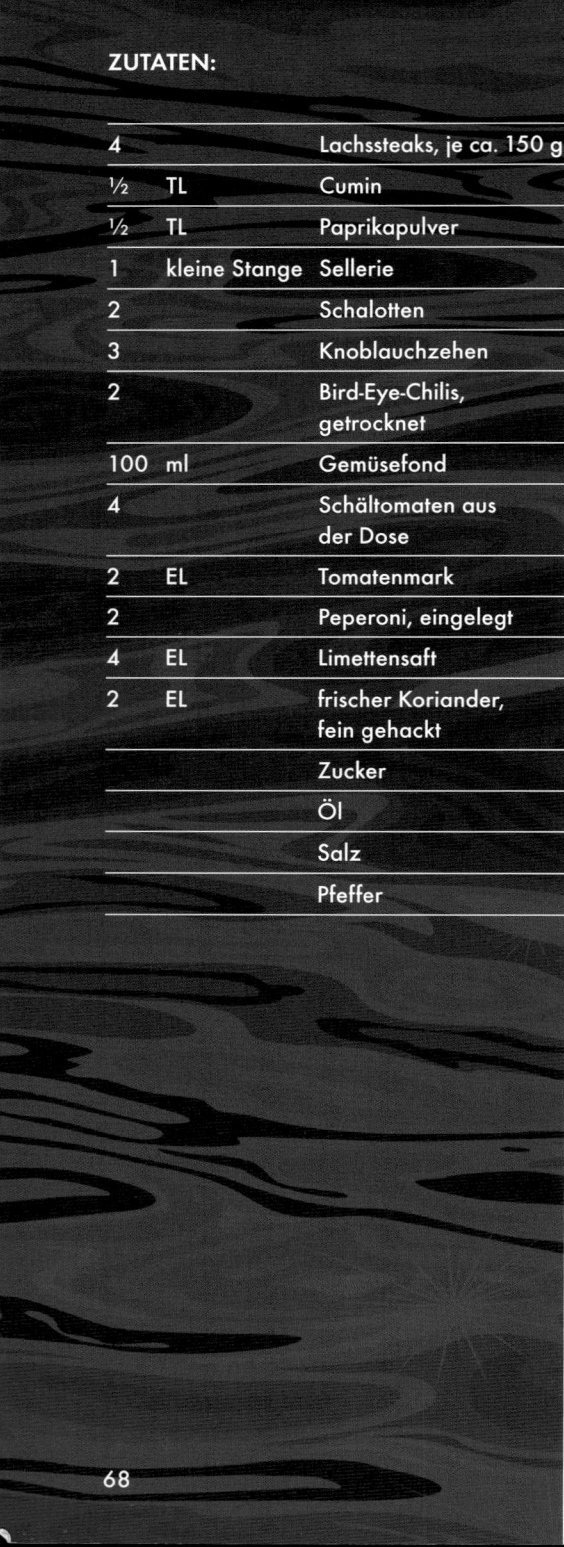

ZUBEREITUNG:

1. Die Schalotten, den Knoblauch und den Sellerie am Vortag fein würfeln und zusammen mit den Chilischoten 5 Minuten in heißem Öl anschwitzen, dann mit dem Gemüsefond ablöschen und auf ⅓ der Flüssigkeit reduzieren.

2. Die abgegossenen Schältomaten würfeln und zusammen mit dem Tomatenmark einrühren, aufkochen und 10 Minuten simmern lassen.

3. Die Salsa vom Feuer nehmen, die Peperoni, den Limettensaft und den Koriander untermischen und mit Pfeffer, Salz und Zucker abschmecken. Die Chilischoten herausfischen und die Salsa über Nacht im Kühlschrank durchziehen lassen.

4. Die Lachssteaks leicht einölen und mit Pfeffer, Salz, Cumin und Paprika würzen.

5. Die Steaks von jeder Seite 2–3 Minuten grillen, je nach gewünschtem Gargrad. Sofort zusammen mit der Salsa servieren.

PFANNE:
2–3 Minuten von jeder Seite braten.

Gravad Lax

Für 4 Portionen

ZUTATEN:

1	ganzer	Lachs, ca. 3 ½ kg
1	EL	Koriandersaat
7	Bund	Dill
4	EL	Dijon-Senf
2	TL	Senfpulver
4	EL	Sonnenblumenöl
200	g	Zucker
125	g	grobes Meersalz
2	EL	weißer Pfeffer, geschrotet

ZUBEREITUNG:

1. Den Lachs wie auf den Seiten 14–18 beschrieben filetieren und entgräten, aber nicht enthäuten und nicht schuppen.

2. 125 g Zucker mit dem Salz, dem Pfeffer und der Koriandersaat mischen und beiseitestellen. Fünf Bund Dill fein hacken.

3. Eine Lachshälfte auf der Hautseite in ein entsprechend langes, flaches Gefäß legen. Die Gewürzmischung auf dem Filet verteilen, anschließend mit dem Dill bestreuen.

4. Nun die zweite Lachshälfte auflegen. Das Gefäß mit Frischhaltefolie abdecken und den Fisch auf der gesamten Fläche beschweren, z. B. mit einem Holzbrett.

5. Den Fisch etwa 90 Stunden ziehen lassen, dabei alle 12 Stunden wenden und die Innenseiten des Fisches mit der ausgetretenen Pökelflüssigkeit begießen.

6. Die Filets nach der Marinierzeit säubern und mit etwas Öl bedeckt in Frischhaltefolie einschlagen.

7. Für die Sauce den Dijon-Senf mit dem Senfpulver, dem restlichen Zucker und 2 EL der Pökelflüssigkeit mischen. Das Öl in einem feinen Strahl kräftig einrühren. Den restlichen Dill nicht zu fein schneiden und unterrühren.

8. Den Lachs in dünne Scheiben schneiden und zusammen mit der Sauce servieren.

TIPP:
In Alufolie eingeschlagen können die Lachsscheiben bis zu 3 Monate eingefroren werden. Vor dem Verzehr langsam im Kühlschrank auftauen.

Lachstornado mit Apfelsauce und Gemüsejuliennes

Für 4 Portionen

ZUTATEN:

8	Streifen	Lachsfilet, je ca. 2,5 cm breit, quer geschnitten, mit Haut
4		große Jakobsmuscheln
1		Zwiebel
1		rote Paprika
1		Apfel
1	EL	Currypulver
400	ml	Geflügelfond
50	ml	Sahne
2		Zucchini
2		Karotten
2		Pastinaken
2 ½	EL	Butter
		Öl
		Salz
		Pfeffer

ZUBEREITUNG:

1. Die Lachsstreifen von der Haut ziehen, ohne sie zu beschädigen und zur Seite legen. Die Haut ebenfalls aufheben.

2. Je zwei Lachsstreifen so um eine Muschel legen, dass die dicken Stellen des einen auf den dünnen des anderen liegen, ggf. etwas zuschneiden. Anschließend die Hautstreifen um die Lachsrollen legen und mit etwas Küchengarn fixieren.

3. Für die Sauce die fein gehackte Zwiebel in 2 EL Butter dünsten, dann die fein gewürfelte Paprika zugeben und 10 Minuten simmern lassen. Den Apfel schälen, entkernen und fein würfeln und zusammen mit dem Currypulver einrühren. Weitere 5 Minuten bei gleicher Hitze garen.

4. Den Fond angießen und zum Kochen bringen, dann abdecken und 20 Minuten leise köcheln. Die Sauce anschließend pürieren und durch ein Sieb passieren. Dann die Sahne einrühren, mit Pfeffer und Salz abschmecken und warmstellen.

5. Die Zucchini, die Karotten und die Pastinaken in Juliennes schneiden und in Salzwasser etwa 3 Minuten bissfest garen, dann mit Eiswasser abschrecken.

6. Die Lachstornados 2 Minuten pro Seite garen. Gleichzeitig in einer Pfanne etwas Butter erhitzen und das Gemüse darin schwenken.

7. Den Fisch auf dem Gemüse anrichten und mit der Sauce nappieren.

PFANNE:
2 Minuten pro
Seite garen.

Fischfrikadellen auf Toast

Für 6 Stück

ZUTATEN:

600	g	Seelachsfilet
2		Schalotten
1	EL	Kapern
1	EL	Cornichons
2	EL	Petersilie
6	Scheiben	Toast
1	Handvoll	Rucola
		Butter
		Mehl
		Remouladensauce nach Geschmack
		Salz
		Pfeffer

ZUBEREITUNG:

1. Mit einem Pürierstab aus dem gewürfelten Fisch ein nicht zu feines Brät herstellen. Die Schalotten fein würfeln, die Cornichons, die Kapern und die Petersilie fein hacken. Zusammen mit dem Brät kurz mixen.

2. Das Brät mit Salz und Pfeffer würzen, sechs gleich große Frikadellen formen und oben und unten mit etwas Mehl bestäuben. Für eine Stunde im Kühlschrank durchziehen lassen.

3. Die Frikadellen bei mittlerer Hitze 5 Minuten pro Seite in heißer Butter braten, anschließend warmstellen.

4. Aus den Toastscheiben Kreise in der Größe der Frikadellen ausstechen oder -schneiden und diese in derselben Pfanne in etwas Butter goldbraun braten. Den Rucola waschen und putzen.

5. Die Toastscheiben dünn mit Remouladensauce bestreichen, mit einigen Rucolablättern und jeweils einer Fischfrikadelle belegen und sofort servieren.

Saibling im Wirsingblatt

Für 4 Portionen

ZUTATEN:

4		Saiblingsfilets, enthäutet, je ca. 100 g
150	g	Zanderfilet
4		Wirsingblätter
1		Ei
6	EL	Sahne
1	cl	Noilly Prat
1	TL	Currypulver
		Salz
		Pfeffer

ZUBEREITUNG:

1. Die Wirsingblätter blanchieren, sofort trockentupfen und die dicken Stiele entfernen.

2. Für die Farce den Zander zerkleinern, mit dem verquirlten Ei und dem Noilly Prat mischen und für 10 Minuten kalt ziehen lassen. Dann mit dem Mixstab pürieren und durch ein Sieb streichen. Die Sahne und das Currypulver unterziehen und mit Pfeffer und Salz abschmecken.

3. Die Wirsingblätter flach auslegen, die Farce darauf verteilen und gleichmäßig verstreichen. Je ein Filet vorsichtig in ein Wirsingblatt einschlagen. Sollten die Blätter zu klein sein, können mehrere aneinandergelegt werden.

4. 10 Minuten dämpfen und vor dem Anrichten noch einmal leicht mit Pfeffer und Salz würzen.

TIPP:
Anstelle des Noilly Prat kann auch anderer trockener Wermuth verwendet werden.

Fischgulasch

Für 4 Portionen

ZUTATEN:

500	g	Fischfilets, z. B. Kabeljau, Rotbarsch oder Schellfisch
1	Bund	Frühlingszwiebeln
1		Salatgurke
500	g	Kartoffeln
4	EL	Butter
1		Limette, Saft und Abrieb
4	EL	Crème fraîche
125	ml	Fischfond
3		Wacholderbeeren
125	ml	trockener Riesling
5		schwarze Pfefferkörner, ganz
1		Lorbeerblatt
1	Bund	Dill, fein gehackt
		Salz
		Pfeffer

ZUBEREITUNG:

1. Das Fischfilet würfeln, mit etwas Limettenabrieb, Pfeffer und Salz würzen und mit dem Limettensaft vermischen.

2. Die Frühlingszwiebeln in feine Ringe schneiden, die Salatgurke schälen, entkernen und würfeln, die Kartoffeln ebenfalls schälen und würfeln.

3. Die Kartoffeln 5 Minuten in etwas zerlassener Butter andünsten. Die Frühlingszwiebeln dazugeben und 5 Minuten mitdünsten. Anschließend mit dem Wein und dem Fischfond ablöschen und das Lorbeerblatt und die Pfefferkörner hinzufügen.

4. Das Ganze kurz aufkochen, dann 10 Minuten simmern lassen.

5. Die Fisch- und die Gurkenwürfel in den Topf geben und 10 Minuten bei kleiner Hitze garziehen.

6. Zuletzt die Crème fraîche einrühren und das Fischgulasch mit Dill, Pfeffer und Salz abschmecken.

Zanderstrudel

ZUTATEN:

1		großes Zanderfilet, ca. 300 g, ohne Haut
300	g	Zanderabschnitte, gewürfelt
2		Eiweiß
8	EL	Sahne
1	Bund	Kerbel, fein gehackt
4		Strudelblätter
4	EL	zerlassene Butter
2	cl	Noilly Prat
		Salz
		Pfeffer

ZUBEREITUNG:

1. Das Zanderfilet mit Pfeffer und Salz würzen und beiseitestellen.

2. Die Zanderabschnitte zusammen mit dem Eiweiß, Kerbel und Noilly Prat im Mixer fein zerkleinern, die Sahne angießen und kurz weitermixen. Es soll eine streichbare, glatte Farce entstehen.

3. Ein Strudelblatt auslegen und mit zerlassener Butter bestreichen, dann ein Strudelblatt nach dem anderen auflegen, jeweils mit Butter bestreichen, bis alle Blätter verarbeitet sind.

4. Das Filet auf den Strudelteig legen und gleichmäßig mit der Farce bestreichen. Den Strudel aufrollen und die Enden zudrücken.

5. Bei 180 °C 10–12 Minuten im Ofen backen, bis der Teig goldgelb gebräunt ist.

6. Den Studel in Scheiben schneiden und heiß servieren.

TIPP:
Um dem Strudel einen schönen Glanz zu verleihen, kann er kurz vor dem Servieren noch einmal mit etwas zerlassener Butter bestrichen werden.

GANZE FISCHE

Dorade, stehend gegrillt

Für 4 Portionen

ZUTATEN:

4		Doraden, je ca. 300 g
1	Tasse	frische gemischte Kräuter, z. B. Thymian, Oregano, Rosmarin, Petersilie etc.
4		Knoblauchzehen
2		Kartoffeln oder Gemüsezwiebeln
		Olivenöl
		Salz
		Pfeffer

ZUBEREITUNG:

1. Außer der Rückenflosse alle Flossen der Doraden entfernen, die Fische anschließend waschen und trockentupfen.

2. Aus den Kräutern, dem gehackten Knoblauch und etwas Olivenöl im Mörser eine grobe Marinade herstellen und mit Pfeffer und Salz abschmecken. Die Fische innen und außen gleichmäßig mit der Marinade einreiben.

3. Die Kartoffeln oder Zwiebeln halbieren und mit der Schnittfläche nach unten auf ein hitzefestes Blech oder in eine feuerfeste, flache Schale setzen. Die Doraden mit der Bauchöffnung darüberstülpen, sodass die Fische frei stehen.

4. Im Grill bei geschlossenem Deckel etwa 15–20 Minuten bei 180 °C garen. Der Fisch ist fertig, wenn sich die Rückenflosse leicht herausziehen lässt.

BACKOFEN:
15–20 Minuten bei 180 °C garen.

Dorade, am Stück gegrillt

Für 4 Portionen

ZUTATEN:

4		Doraden, je ca. 300 g
4–6		Knoblauchzehen
2		Zitronen, Abrieb und Scheiben
7	EL	Olivenöl
4		Lorbeerblätter
		Meersalz
		Pfeffer

ZUBEREITUNG:

1. Die Doraden waschen und trockentupfen. Alle Flossen außer der Rückenflosse ausparieren.

2. Die Knoblauchzehen schälen und vierteln. Den Zitronenabrieb mit dem Olivenöl mischen. Aus den Zitronen vier große Scheiben herausschneiden.

3. Die Doraden von innen und außen kräftig mit Meersalz würzen. Mit einem Messer kleine Löcher in die Fische stechen und mit den Knoblauchstücken füllen. In die Bauchöffnungen jeweils ein Lorbeerblatt und eine Zitronenscheibe geben. Die Fische mit dem Zitronenöl bepinseln und mit Pfeffer würzen.

4. Die Doraden ca. 5 Minuten pro Seite grillen. Der Fisch ist fertig, wenn sich die Rückenflosse leicht herausziehen lässt.

Ganze Scholle mit Parmesankruste

Für 4 Portionen

ZUTATEN:

4		Schollen, je ca. 400 g
100	g	Toastbrot
1		Limette, Saft und Zesten
4	EL	Parmesan
4	EL	Basilikum, fein gehackt
		Olivenöl
		Salz
		Pfeffer

ZUBEREITUNG:

1. Das Toastbrot entrinden, fein zerbröseln und mit dem geriebenen Parmesan, dem fein gehackten Basilikum und den Zesten der Limette mischen. Bis auf einige Spritzer auch den Limettensaft zufügen. Etwas Olivenöl hinzugeben und mit Pfeffer und Salz abschmecken.

2. Die Haut auf der Oberseite der Schollen abziehen, das Fleisch leicht einölen und mit Pfeffer und Salz würzen.

3. Die Haut wieder auflegen, die Fische nebeneinander auf ein gefettetes Backblech oder Backpapier legen und 10 Minuten bei 180 °C backen.

4. Die gelöste Haut entfernen und die Parmesanmasse gleichmäßig auf den Fischen verteilen. Mit etwas Olivenöl beträufeln und erneut für etwa 10 Minuten zurück in den Ofen schieben. Dabei aufpassen, dass die Kruste nicht verbrennt, sie soll nur leicht bräunen.

5. Die Fische mit einigen Spritzern Limettensaft beträufeln und sofort servieren.

Lachsforelle mit Chilipaste im Bananenblatt

Für 4 Portionen

ZUTATEN:

1		Lachsforelle, ca. 1000 g
1		großes Bananenblatt
3		Chilischoten
1	Stück	Ingwer, ca. 3 cm lang
1	Stängel	Zitronengras
3	EL	Mandeln, gemahlen
1		Limette, Saft und Zesten
1	TL	Sojasauce
		Sesamöl
		Olivenöl
		Salz
		Pfeffer

ZUBEREITUNG:

1. Die Chilischoten entkernen und sehr fein hacken. Den Ingwer und den weißen Teil des Zitronengrases ebenfalls fein hacken. Alles mit den Mandeln, den Limettenzesten und 2 EL des Limettensafts mit dem Stabmixer zu einer Paste verarbeiten.

2. Je 1 EL Sesam- und Olivenöl in einer kleinen Pfanne erhitzen und die Paste kurz darin anbraten. Die Sojasauce einrühren und den Topf vom Feuer nehmen.

3. Den Fisch auf beiden Seiten leicht schräg einschneiden, innen und außen salzen und pfeffern und gleichmäßig mit der Paste einreiben.

4. Den Backofen oder Grill auf 200 °C vorheizen und das Bananenblatt ganz kurz hineinlegen, damit es weich wird. Dann den Fisch darin einschlagen und das Ganze mit Alufolie umwickeln

5. Den Fisch 20–25 Minuten garen, dann die Folie entfernen und den Fisch am Stück im Bananenblatt servieren.

BACKOFEN:
20–25 Minuten bei
200 °C garen.

Heißgeräucherter Saibling

Für 6 Portionen

ZUTATEN:

4	ganze	Saiblinge oder Forellen, je ca. 900 g
1	Zweig	Oregano
1	Bund	frischer Schnittlauch
1	Bund	frischer Dill
1	Bund	frischer Estragon
8	Zweige	Thymian
2	EL	Olivenöl
2		Zitronen
		Salz
		Pfeffer
2–3	Handvoll	Räucherchips, gewässert

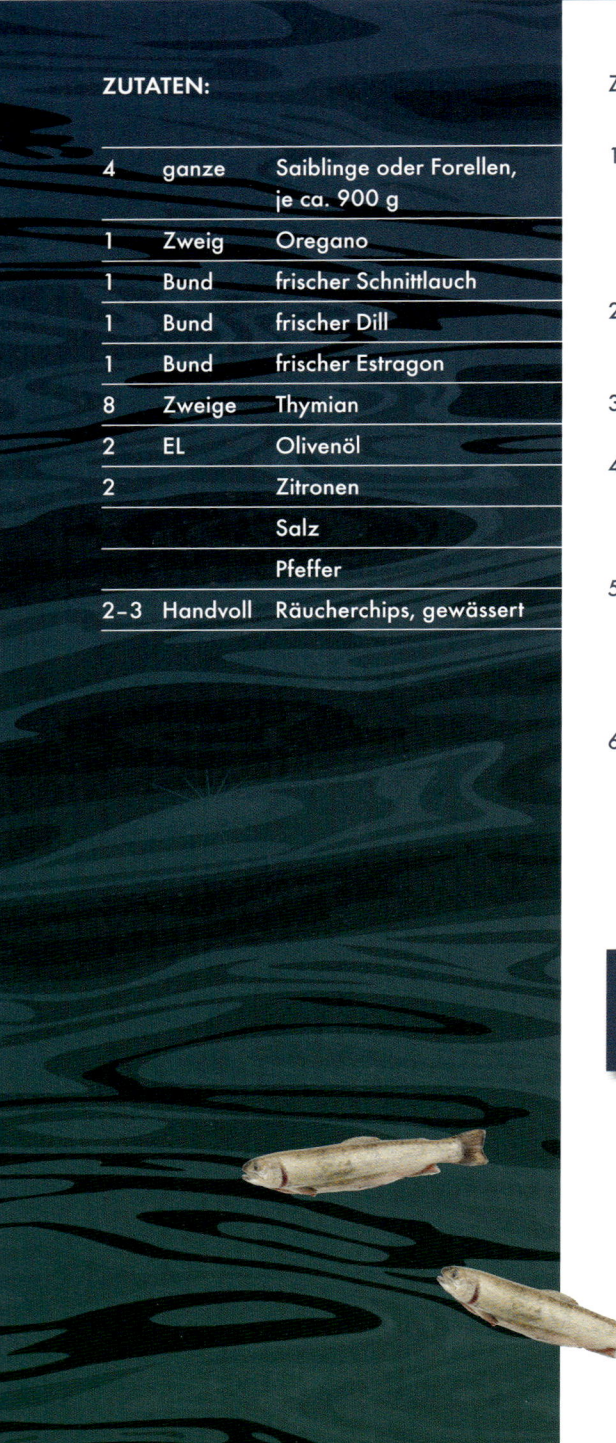

ZUBEREITUNG:

1. Die Bauchhöhlen der Fische mit Olivenöl einstreichen und mit Salz und Pfeffer einreiben. Die Kräuter in vier Portionen aufteilen, die Bauchhöhlen der Fische gleichmäßig damit füllen und mit Zahnstochern gut verschließen.

2. Die Fischhaut mit einem scharfen Messer auf jeder Seite 3–4 Mal einschneiden, damit der Rauch besser eindringen kann.

3. Die Fische in eine Grillpfanne legen und beiseite stellen.

4. Einen Grill mit Deckel für indirektes Grillen vorbereiten und auf 200 °C vorheizen, dann eine Handvoll Räucherchips auf den Kohlen verteilen.

5. Die Fische in der Grillpfanne 20–25 Minuten auf dem Grill garen. Regelmäßig Räucherchips nachlegen, damit die Rauchbildung nicht nachlässt und die Fische gleichmäßig geräuchert werden.

6. Die Zitronen in 12 Scheiben schneiden. Die geräucherten Fische damit garnieren und heiß oder kalt servieren.

> **TIPP:**
> Dieses Rezept eignet sich selbstverständlich auch zum Räuchern anderer Fische.

Wolfsbarsch mit Ingwer und Koriander

Für 4 Portionen

ZUTATEN:

4		Wolfsbarsche, je 500 g
1	Bund	frischer Koriander
6		Frühlingszwiebeln
1	Stück	Ingwer, daumengroß
4	EL	helle Sojasauce
2	EL	Olivenöl
		Salz
		Pfeffer

ZUBEREITUNG:

1. Außer der Rückenflosse alle Flossen entfernen. Die Haut der Fische auf beiden Seiten viermal nicht zu tief schräg einschneiden, damit die Marinade besser ins Fleisch einziehen kann. Mit Pfeffer und Salz würzen.

2. Den Koriander und den Ingwer fein hacken, die Frühlingszwiebeln in feine Ringe schneiden. Mit der Sojasauce und dem Olivenöl mischen und mit Pfeffer und Salz würzen.

3. Die Fische gleichmäßig innen und außen damit einreiben, dabei auch in die Einschnitte einarbeiten.

4. Im Backofen oder einem geschlossenen Grill 15–20 Minuten bei 200 °C backen. Der Fisch ist fertig, wenn sich die Rückenflosse herausziehen lässt.

BACKOFEN:
15–20 Minuten bei
200 °C garen.

MEERESFRÜCHTE

Langustenschwänze mit Champagnersauce

Für 4 Portionen

ZUTATEN:

4		Langustenschwänze (ungekocht), jeweils etwa 200 g
250	ml	Champagner
125	g	Butter, weich
125	g	Butter, kalt
1	EL	Schalotten
2	TL	Knoblauch
1	Zweig	Thymian
1 ½	Bund	Schnittlauch
2		Zitronen, etwas Saft und fein gehackte Schale
1		Vanilleschote
		Pfeffer

ZUBEREITUNG:

1. Die Schalotten fein würfeln und in etwas Butter glasig dünsten, dann mit dem Champagner ablöschen. Einen Bund Schnittlauch in Röllchen schneiden und mit dem Thymian, dem ausgeschabten Vanillemark und der Vanilleschote der Champagnersauce zufügen. Die Flüssigkeit auf etwa die Hälfte reduzieren, dann absieben und 125 g weiche Butter einmontieren.

2. Das Langustenfleisch auslösen und beiseite legen.

3. Die kalte Butter in etwa 2,5 cm große Stücke schneiden und mit dem gehackten restlichen Schnittlauch, dem fein gehackten Knoblauch und der fein gehackten Zitronenschale vermengen. Die Masse auf die Langustenpanzer verteilen, dann das Langustenfleisch wieder einsetzen.

4. Bei mittlerer Hitze und geschlossenem Deckel auf der Panzerseite etwa 10 Minuten indirekt grillen.

5. Die Langustenschwänze auf Tellern anrichten und sofort mit der warmen Champagnersauce servieren.

> **TIPP:**
> Dieses Rezept eignet sich auch sehr gut für Hummer oder sehr große Garnelen.

Riesengarnelen

ZUTATEN:

4		Riesengarnelen, kleine Hummer oder Langusten
2		Limetten, Saft
1	EL	frischer Thymian
4		Knoblauchzehen
½	TL	schwarzer Pfeffer, gemahlen

ZUBEREITUNG:

1. Die Garnelen mit Kopf und Schale der Länge nach halbieren, gründlich entdarmen, waschen und trockentupfen.

2. Den Limettensaft mit dem gehackten Thymian und Knoblauch mischen und mit dem Pfeffer kräftig würzen.

3. Die Fleischseite der Garnelen großzügig mit der Marinade bedecken und mindestens 1 Stunde im Kühlschrank ziehen lassen.

4. Die Garnelen bei mittlerer direkter Hitze 3 Minuten auf der Fleischseite grillen, dann wenden und in 3 Minuten auf der Schalenseite fertiggrillen.

5. Die Garnelen auf Tellern anrichten und sofort servieren.

BEILAGEN-TIPP:

Mango-Salsa, siehe Seite 124.

Käse-Shrimps-Röllchen im Speckmantel

Für 4 Portionen

ZUTATEN:

12	Stck.	6/8er Garnelen, bis auf die letzten Glieder geschält und entdarmt
125	g	Frischkäse
125	g	Ziegenfrischkäse
2	EL	Schnittlauch
2		Knoblauchzehen, geröstet
6	Scheiben	Parmaschinken
		Salz
		Pfeffer

ZUBEREITUNG:

1. Den Frischkäse, den fein gehackten Knoblauch und den in Röllchen geschnittenen Schnittlauch gut vermengen und mit Pfeffer und Salz abschmecken.

2. Die Garnelen bis auf die letzten, noch gepanzerten Glieder, der Länge nach aufschneiden und je 1 EL der Käsemasse auf die Garnelen verteilen.

3. Die Schinkenscheiben der Länge nach halbieren und die Garnelen in je einer halben Scheibe so einwickeln, dass keine Füllung herausfällt.

4. Die Garnelen in etwas Öl von jeder Seite 2–3 Minuten braten, bis der Schinken knusprig wird.

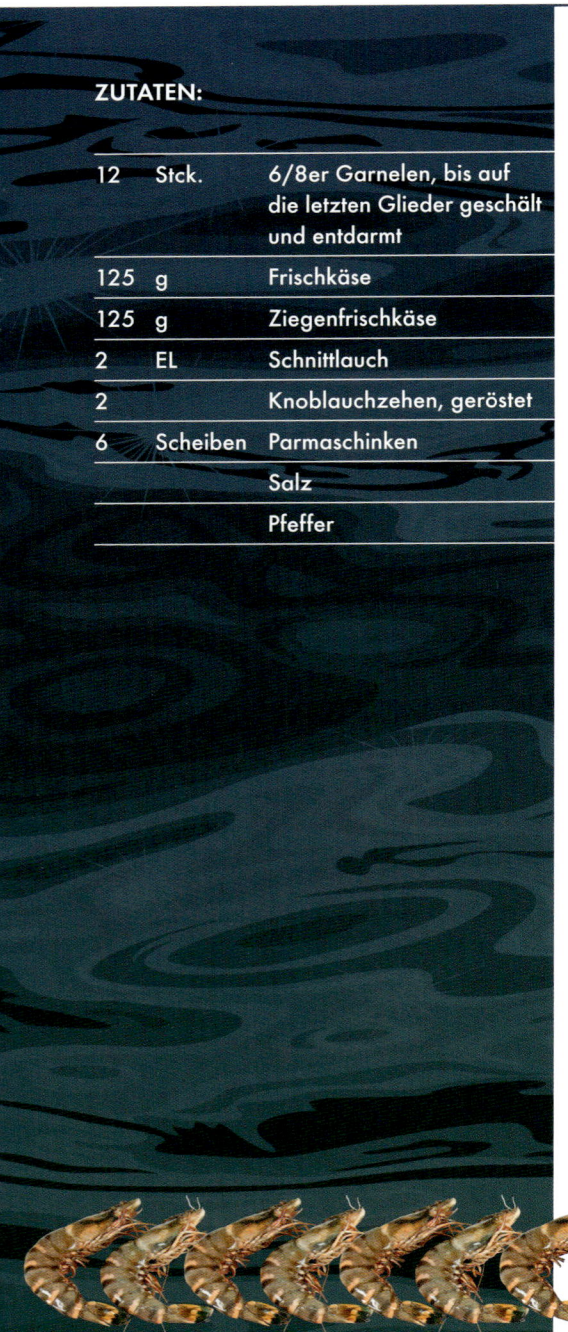

Spieße aus Seeteufel und Garnelen

4 Personen

ZUTATEN:

500	g	Seeteufelfilet
12		13/15er Garnelen
4	Stangen	Zitronengras
4	EL	Teriyaki-Sauce
3	EL	Petersilie
1		Knoblauchzehe
		Olivenöl
		Pfeffer

ZUBEREITUNG:

1. Den Seeteufel in mundgerechte Stücke schneiden und die Garnelen schälen.

2. Aus der Teriyaki-Sauce, dem Öl, der gehackten Petersilie und dem fein gehackten Knoblauch eine Marinade herstellen und mit etwas Pfeffer abschmecken. Salz ist schon in der Teriyaki-Sauce enthalten.

3. Die Seeteufelstücke und die Garnelen durch die Marinade ziehen, anschließend abwechselnd auf das Zitronengras aufspießen.

4. Bei mittlerer Hitze ca. 2–3 Minuten pro Seite direkt grillen.

Thai Scampi

Für 4 Portionen

ZUTATEN:

8		Scampi, komplett, je ca. 100 g
1	Stück	Ingwer, daumengroß
3		Knoblauchzehen
3		Schalotten
2	Stangen	Zitronengras
1	Bund	Koriandergrün
2	EL	Sesamöl
2	EL	Olivenöl
		Cayennepfeffer
		Salz
		Pfeffer

ZUBEREITUNG:

1. Die Scampi unter fließendem Wasser waschen.

2. Die beiden Öle in einer Pfanne mischen, nicht zu heiß werden lassen. Die Scampi hineingeben und von beiden Seiten 1 ½ Minuten braten.

3. Den Knoblauch und die Schalotten vierteln, den Ingwer fein hacken und das Zitronengras in Stücke schneiden. Alles zu den Scampi in die Pfanne geben und weitere 2 Minuten braten.

4. Die Pfanne vom Feuer nehmen und die Thai Scampi mit gehacktem Koriandergrün, Pfeffer, Salz und Cayennepfeffer abschmecken.

Jakobsmuschel in der Tomate

Für 4 Portionen

ZUTATEN:

4		Jakobsmuscheln
100	g	Zanderfilets
4		schöne Tomaten
5		reife Tomaten
200	ml	Dosentomaten
3	Bund	Basilikumblätter
1		Lorbeerblatt
1		Thymianzweig
100	ml	Weißwein
3	cl	Noilly Prat
6	EL	Sahne
1	EL	Mehlbutter*
50	g	Butter
3	EL	Toastbrot-Krümel
1		Eiweiß
		Cayennepfeffer
		Salz
		Pfeffer

ZUBEREITUNG:

1. Die Dosentomaten zusammen mit 5 reifen Tomaten, 10 Basilikumblättern, dem Weißwein und 2 cl Noilly Prat in ein hohes Gefäß geben und pürieren, anschließend durch ein feines Tuch in einen Topf passieren.

2. Die Flüssigkeit mit dem Lorbeerblatt und dem Thymianzweig aufkochen und 5 Minuten ziehen lassen. Anschließend 2 EL Sahne zugeben und mit der Mehlbutter* leicht binden.

3. Das Lorbeerblatt und den Thymian herausnehmen, 50 g Butter einmontieren und die Sauce nochmals durch ein feines Tuch passieren. Mit Salz und Cayennepfeffer abschmecken und warmhalten.

4. Den Zander zerkleinern und mit dem Toastbrot, der restlichen Sahne, dem Eiweiß, 1 cl Noilly Prat und etwa 200 g Basilikumblättern pürieren. Die Farce durch ein Sieb streichen und mit Pfeffer und Salz abschmecken.

5. Die 4 schönen Tomaten häuten und auf der Stielseite einen Deckel schneiden. Die Tomaten aushöhlen und innen mit der Farce ausstreichen. Jeweils eine Jakobsmuschel leicht salzen, in die Aushöhlung einsetzen und mit etwas Farce verschliessen.

6. Die Tomate mit Olivenöl bestreichen, salzen und pfeffern und bei 200 °C für 15 Minuten in einer Auflaufform bei geschlossenem Deckel garen.

7. Den Tomatenschaum vor dem Servieren kurz aufschäumen, die fertige Tomate darauf anrichten und mit etwas Basilikum garnieren.

BACKOFEN:
15 Minuten bei
200 °C garen.

* Zur Zubereitung der Mehlbutter etwas Weizenmehl und etwas weiche Butter zu gleichen Teilen miteinander verkneten.

Jakobsmuscheln mit Guacamole auf Tortillachips

Für 12 Stück

ZUTATEN:

12		große Jakobsmuscheln
12		große Tortilla-Chips
2		große reife Avocados
1 ½	EL	Limettensaft
½		rote Zwiebel
½	TL	Cumin
1	TL	Salz
1		Tomate
2	EL	Koriander
1	TL	Chilipulver
		Salz
		Pfeffer

ZUBEREITUNG:

1. Die Avocados entkernen, das Fruchtfleisch aus der Schale heben und mit einer Gabel zerdrücken.

2. Den Limettensaft, die fein gewürfelte Zwiebel, das Cumin, 1 TL Salz, den fein gehackten Koriander und das Chilipulver zufügen und gut vermischen. Die Tomate entkernen, fein würfeln und vorsichtig unterheben.

3. Das Muschelfleisch trockentupfen, leicht einölen, mit Pfeffer und Salz würzen und etwa 1 ½ Minuten pro Seite braten oder grillen.

4. Inzwischen die Guacamole auf den Tortilla-Chips verteilen.

5. Die gebratenen Muscheln auf die Guacamole-Chips geben und servieren.

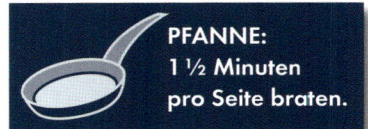

PFANNE:
1 ½ Minuten
pro Seite braten.

Thunfisch-Muschel-Spieße

Für 4 Portionen

ZUTATEN:

300 g		Thunfisch
8		Jakobsmuscheln
1	Stück	Ingwer, 2–3 cm groß
1		kleine Chili
1	EL	Sojasauce
2	EL	Olivenöl
		Salz
		Pfeffer

ZUBEREITUNG:

1. Den Thunfisch in Würfel schneiden, die der Größe der Jakobsmuscheln entsprechen.

2. Den Ingwer und die Chili sehr fein hacken und mit der Sojasauce und dem Olivenöl verrühren. Den Thunfisch und die Muscheln zufügen, mit Pfeffer und Salz würzen und vorsichtig vermengen.

3. Die gesamte Masse in einen Gefrierbeutel geben und eine halbe Stunde marinieren.

4. Den Fisch und die Muscheln vorsichtig aus der Marinade nehmen und abwechselnd auf Spieße stecken.

5. Die Spieße auf dem heißen Grill 2–3 Minuten pro Seite garen. Die Muscheln und der Thunfisch sollten innen noch glasig sein.

Kalmare mit Schafskäse

Für 4 Portionen

ZUTATEN:

1	kg	Kalmare, komplett
400	g	Schafskäse
100	ml	Olivenöl
1		Limette, Saft und Abrieb
3	EL	Oregano
1	EL	Thymian
2		Knoblauchzehen
		Salz
		Pfeffer

ZUBEREITUNG:

1. Die Kalmare wie auf den Seiten 26–29 vorbereiten und beiseitestellen.

2. Den Schafskäse würfeln, den Knoblauch, den Oregano und den Thymian fein hacken. Alles mit dem Öl und dem Limettensaft verrühren, mit Pfeffer und Salz würzen und zusammen mit den Kalmaren in einen Gefrierbeutel geben, vorsichtig mischen und 4 Stunden ziehen lassen.

3. Die Kalmarstücke nach der Marinierzeit herausnehmen und den Schafskäse fein zerbröseln. Die Tuben damit füllen und mit Zahnstochern verschließen.

4. Die Kalmare auf dem heißen Grill garen, die Tuben etwa 6, die Tentakeln etwa 4 Minuten.

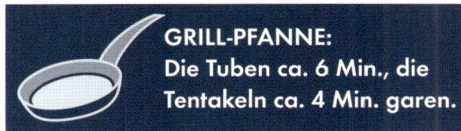

GRILL-PFANNE:
Die Tuben ca. 6 Min., die Tentakeln ca. 4 Min. garen.

Gebratener Pulpo mit Limettenvinaigrette

Für 4 Portionen

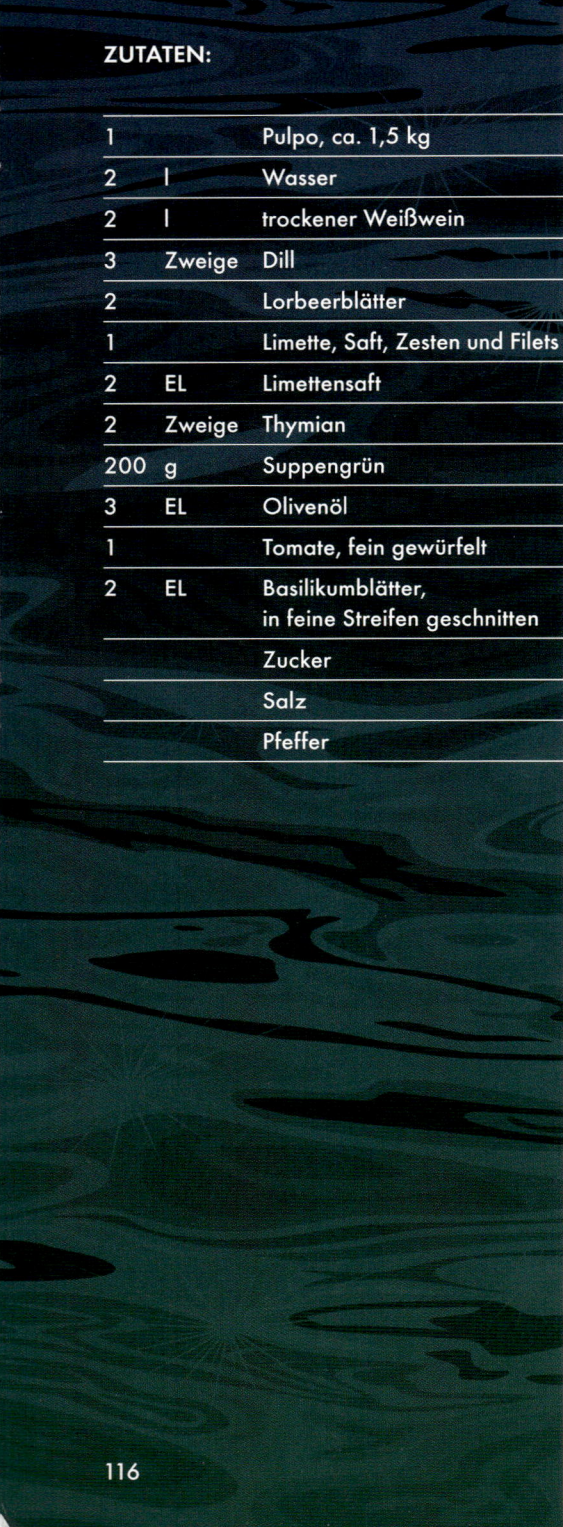

ZUTATEN:

1		Pulpo, ca. 1,5 kg
2	l	Wasser
2	l	trockener Weißwein
3	Zweige	Dill
2		Lorbeerblätter
1		Limette, Saft, Zesten und Filets
2	EL	Limettensaft
2	Zweige	Thymian
200	g	Suppengrün
3	EL	Olivenöl
1		Tomate, fein gewürfelt
2	EL	Basilikumblätter, in feine Streifen geschnitten
		Zucker
		Salz
		Pfeffer

ZUBEREITUNG:

1. Den Pulpo etwa 10 Minuten mit einem Plattiereisen klopfen und dann wie auf den Seiten 33–35 beschrieben zerlegen.

2. Das Wasser zusammen mit dem Wein aufkochen, dann den Dill, die Lorbeerblätter, das gewürfelte Suppengrün, den Thymian und die Limettenzesten hinzugeben und mit Pfeffer und Salz abschmecken. Die Pulpoteile hineingeben und ca. eine Stunde mit Deckel leise köchelnd weichgaren.

3. Inzwischen aus 2 EL Limettensaft und dem Olivenöl eine Vinaigrette mischen und mit Pfeffer, Salz und Zucker abschmecken. Die Limettenfilets und die fein gewürfelte Tomate unterheben.

4. Den weichgegarten Pulpo in mundgerechte Stücke schneiden und in heißem Öl kurz braten.

5. Zum Anrichten mit der Vinaigrette beträufeln, mit den Basilikumstreifen bestreuen und sofort servieren.

BEILAGEN-TIPP:

Frisch geröstetes Weißbrot.

Crabcakes

Für 16 Stück

ZUTATEN:

350 g		Flusskrebsschwänze
2		Frühlingszwiebeln, gehackt
1		Ei, verquirlt
1	Tasse	Paniermehl
¾	Tasse	Salatmayonnaise
½	TL	Sojasauce
¼	TL	Tabascosauce
		Salz
		Pfeffer

ZUBEREITUNG:

1. Die Flusskrebsschwänze mit den Fingern zerpflücken und in eine Rührschüssel geben. Die Frühlingszwiebeln hacken und zusammen mit dem verquirlten Ei zu den Flusskrebsschwänzen geben. Das Paniermehl, die Mayonnaise, die Soja- und die Tabascosauce zufügen und gründlich mischen.

2. Aus der Masse 16 feste Plätzchen formen.

3. Die Crabcakes von jeder Seite 3–4 Minuten im direkten Bereich grillen, bis die Semmelbrösel getoasted sind. Dabei einmal vorsichtig wenden.

BEILAGEN-TIPP:

Mango-Salsa, siehe Seite 124.

PFANNE:
3–4 Minuten pro Seite braten.

BEILAGEN

Curry-Ingwer-Reis

Für 4 Portionen

ZUTATEN:

1	Tasse	Basmati-Reis
150	g	Frühlingszwiebeln
1	Stück	Ingwer, daumengroß
500	ml	Geflügelfond
2	EL	Butter
50	g	Cashewkerne, gesalzen
1	EL	Currypulver

ZUBEREITUNG:

1. Den Reis etwa 10 Minuten im Fond bissfest kochen.

2. Die Frühlingszwiebeln in feine Ringe schneiden, den Ingwer sehr fein hacken, beides gemeinsam in etwas Butter anschwitzen.

3. Den Reis mit dem noch im Topf verbliebenen Fond zu den Frühlingszwiebeln geben. Die gehackten Cashews und das Currypulver hinzufügen, alles vermengen und weitere 5 Minuten garen. Mit Pfeffer und Salz abschmecken und heiß servieren.

BEILAGEN-TIPP:

Passt z. B. zu Thunfischsteaks, siehe Seite 64.

Strohkartoffeln

Für 4 Portionen

ZUTATEN:

4		große Kartoffeln (à ca. 160 g)
1	kg	Frittierfett
Einige		Tomaten, zum Garnieren
½	Bund	Schnittlauch, zum Garnieren
		Paprikapulver, edelsüß
		Salz
		Pfeffer

ZUBEREITUNG:

1. Die Kartoffeln schälen, waschen, in sehr feine Streifen oder Juliennes schneiden und mit einem sauberen Tuch trocken tupfen.

2. Das Frittierfett erhitzen. Die Kartoffelstreifen darin portionsweise ca. 4 Minuten frittieren. Das „Stroh" mit einem Schaumlöffel herausheben und auf Küchenpapier gut abtropfen lassen.

3. Mit Salz, Pfeffer und Paprikapulver würzen, auf Tellern anrichten und mit Tomaten und in feine Ringe geschnittenem Schnittlauch garnieren.

Rucola-Salat mit Tomaten und Speck

Für 4 Portionen

ZUTATEN:

500	g	Rucola
16		Minitomaten
1	EL	Dijonsenf
1	EL	dunkler Balsamico
1	EL	Honig
2	EL	Kürbiskernöl
2	EL	Pinienkerne
4	EL	Speckwürfel
2		Lauchzwiebeln
		Salz
		Pfeffer

ZUBEREITUNG:

1. Den Rucola waschen und putzen. Die Minitomaten vierteln, die Lauchzwiebeln in Ringe schneiden und die Speckwürfel auslassen. Die Pinienkerne ohne Fett in einer Pfanne rösten.

2. Aus dem Senf, dem Balsamico, dem Honig und dem Öl eine Vinaigrette mischen und die Salatzutaten unterheben. Mit Salz und Pfeffer abschmecken.

BEILAGEN-TIPP:

Passt zu Meerbarbe auf Zucchini, siehe Seite 48.

Mango-Salsa mit Gurke

Für 4 Portionen

ZUTATEN:

1		reife Mango
1		kleine rote Zwiebel
½		Jalapeño-Chili
½		Salatgurke
2	EL	Koriandergrün
2	EL	Limettensaft
		Salz
		Pfeffer

ZUBEREITUNG:

1. Die Mango schälen und würfeln. Die Zwiebel und den Koriander hacken. Die Kerne und die weißen Scheidewände der Chili entfernen und das Fruchtfleich fein würfeln. Die Salatgurke schälen, entkernen und ebenfalls würfeln.

2. Alle Zutaten in eine Schüssel geben, mit dem Limettensaft vermengen und mit Pfeffer und Salz abschmecken.

BEILAGEN-TIPP:

Passt z. B. zu Riesengarnelen, siehe Seite 100, oder Crabcakes, siehe Seite 118.

Mit Mango-Salsa kann man wunderbar experimentieren. Tomatenstückchen oder rote Paprika passen auch gut dazu. Wird sie zu scharf, kann man mit etwas Avocado die Schärfe wieder reduzieren. Mag man es schärfer, schneidet man die Chili hinein, ohne die Samen und Häute zu entfernen.

Ananas-Salsa

Für 4 Portionen

ZUTATEN:

1		Ananas
2		rote Zwiebeln
3	EL	Basilikumblätter
1	EL	Minze
2	EL	weißer Balsamico
1	TL	Chiliflocken

ZUBEREITUNG:

1. Die Ananas in ca. 5 mm große Würfel schneiden, die Zwiebeln fein würfeln und die Minze hacken.

2. Die Zutaten mit dem weißen Balsamico und den Chiliflocken mischen und 1 Stunde im Kühlschrank ziehen lassen.

3. Die Basilikumblätter in feine Streifen schneiden und kurz vor dem Servieren unter die Salsa heben.

BEILAGEN-TIPP:

Passt z. B. zu Red-Snapper Cajun-Style, siehe Seite 54.

REZEPTREGISTER

A

Ananas-Salsa 125
Apfelsauce 72

B

Bananenblatt 90
Beurre blanc 52

C

Cajun-Style 54
Champagnersauce 98
Chorizo 44
Crabcakes 118
Curry-Ingwer-Reis 122

D

Dorade, am Stück gegrillt 86
Dorade, stehend gegrillt 84
Dorandenfilet mit Schinken und Kürbis 38

E

Eintopf, Makrele mit Chorizo 44

F

Fischfrikadellen auf Toast 74
Fischgulasch 78
Fischsuppe mit Ingwer und Limette 40
Forelle, gegrillte Thai- 42
Forelle, heißgeräuchert 92

G

Ganze Scholle mit Parmesankruste 88
Garnelen, Riesen- 100
Garnelen-Seeteufel-Spieße 104
Gebratener Pulpo mit
Limettenvinaigrette 116
Gegrillte Thaiforelle 42
Gegrilltes Lachssteak mit Salsa Roja 68
Gemüsejuliennes 72
Gemüserösti 52
Gravad Lax 70
Guacamole 110
Gulasch, Fisch- 78

H

Heißgeräucherte Forelle 92
Heißgeräucherter Saibling 92

I

Ingwer-Curry-Reis 122

J

Jakobsmuschel in der Tomate 108
Jakobsmuscheln mit Guacamole
auf Tortilla-Chips 110

K

Kalmare mit Schafskäse 114
Kartoffeln, Stroh- 123
Käse-Shrimps-Röllchen im
Speckmantel 102
Kürbis 38

L

Lachsfilet in Meerrettichkruste 66
Lachsforelle mit Chilipaste im
Bananenblatt 90
Lachssteak mit Salsa Roja, gegrillt 68
Lachstornado mit Apfelsauce und
Gemüsejuliennes 72
Langustenschwänze mit
Champagnersauce 98
Lax, Gravad 70
Limettenvinaigrette 116

M

Makreleneintopf mit Chorizo 44
Mango-Salsa 124
Matjes-Tartar 46
Meerbarbe auf Zucchini 48
Meerrettichkruste 66
Muschel-Thunfisch-Spieße 112

P

Parmesankruste 88
Pesto Verde 56
Petersfisch en Papillote 50
Pulpo vorbereiten 33
Pulpo mit Limettenvinaigrette,
gebraten 116

R

Red-Snapper Cajun-Style 54
Reis, Curry-Ingwer- 122
Riesengarnelen 100
Röllchen im Speckmantel,
Käse-Shrimps- 102
Rucola-Salat mit Tomaten und Speck 123

S

Saibling, heißgeräuchert 92
Saibling im Wirsingblatt 76
Saint Pierre en Papillotte 50
Salat mit Tomaten und
Speck, Rucola- 123
Salsa, Ananas- 125
Salsa, Mango- 124
Salsa Roja 68
Saltimbocca vom Seeteufel 58
Sardinenfilet mit Pesto Verde 56
Schafskäse 114
Scampi, Thai- 106
Scholle mit Parmesankruste, ganz 88
Seeteufel-Garnelen-Spieße 104
Seeteufel-Saltimbocca 58
Seezunge Provençale 60
Shrimps-Käse-Röllchen im
Speckmantel 102
Snapper auf Gemüserösti mit
Beurre blanc 52
Speckmantel, Käse-Shrimps-
Röllchen im 102
Spieße aus Seeteufel und Garnelen 104
Spieße aus Thunfisch und Muscheln 112
Strohkartoffeln 123
Strudel, Zander- 80

T

Tartar, Matjes- 46
Tartar, Thunfisch- 62
Thaiforelle, gegrillt 42
Thai-Scampi 106
Thunfisch auf Curry-Ingwer-Reis 64
Thunfisch-Muschel-Spieße 112
Thunfisch-Tartar 62
Tomate, Jakobsmuschel in der 108
Tortilla-Chips 110

W

Wirsingblatt, Saibling im 76
Wolfsbarsch mit Ingwer und
Koriander 94

Z

Zanderstrudel 80
Zucchini, Meerbarbe auf 48

REGISTER

A
Ananas 125
Anis 38
Apfel 46, 72
Augen 29, 33
Avocado 110, 124

B
Backofen 48, 66, 80, 84, 88, 90, 94
Bananenblatt 90
Basilikum 48, 56, 60, 88, 108, 116, 125
Bauchgräte 17
Bohnen 44

C
Cashewkerne 122
Champagner 98
Champignons 40
Chili 68, 90, 110, 112, 124, 125
Chorizo 44
Chutney 42
Cornichons 74
Crème fraîche 78
Cumin 48, 68, 110
Curry 42, 64, 72, 76, 122

D
Darm 32, 101, 102
Dijon-Senf 62, 70, 123
Dill 70, 78, 92, 116
Dorade 8, 12, 14, 38, 40, 51, 84, 87

E
Estragon 92

F
Fenchel 64
Filet 16, 17, 18, 21, 22, 25, 36
Filetieren, Plattfische 19
Filetieren, Rundfische 14
Filetiermesser 10, 14, 18
Fischbein 27
Fische zum Grillen vorbereiten 12
Fischschupper 10
Flossen 11, 12, 13, 15, 19
Flusskrebs 9, 118
Fond 19, 32, 44, 68, 72, 78, 122

F (Fortsetzung)
Forelle 8, 42, 90, 92
Frische und Qualität 5
Frischkäse 102
Frühlingszwiebeln 42, 78, 94, 118, 122

G
Ganze Fische zum Grillen vorbereiten 12
Garnelen 9, 30, 98, 100, 102, 104, 124
Garnelen vorbereiten 30
Garprobe 34
Gräten 10, 16, 17
Grätenpinzette 10, 17
Grillen 12, 42, 48, 52, 54, 56, 64, 68, 84, 86, 90, 92, 94, 98, 100, 104, 110, 112, 114, 118

H
Häuten 18, 19, 20, 24, 28, 35, 70

I
Ingwer 40, 48, 64, 90, 94, 106, 112, 122

J
Jakobsmuschel 9, 72, 108, 110, 112
Joghurt 46

K
Kabeljau 8, 78
Kalmare 9, 26, 114,
Kalmare vorbereiten 26
Kapern 62, 74
Karotte 50, 72
Kartoffel 44, 46, 52, 66, 78, 84, 123
Kerbel 80
Kiemen 14, 15
Knoblauch 48, 54, 56, 60, 68, 84, 86, 98, 100, 102, 104, 106, 114
Kokosmilch 40
Koriander 40, 68, 70, 94, 106, 110, 124
Küchenpraxis 6
Kürbis 38

L
Lachs 8, 66, 68, 70, 72, 90
Languste 9, 98, 100
Limette 38, 40, 48, 58, 62, 68, 78, 88, 90, 100, 110, 114, 116, 124
Lorbeer 38, 78, 86, 108, 116

M
Majoran 54
Makrele 8, 44
Mandeln 90
Mango 42, 100, 118, 124
Matjes 8, 46
Mayonnaise 118
Meerbarbe 8, 48, 123
Meerrettich 46, 66
Messer 11
Minze 125
Mittelgräte 14, 15, 16, 17, 19, 21, 25

N
Noilly Prat 76, 80, 108

O
Oliven 60
Oregano 84, 92, 114

P
Paniermehl 118
Paprika 44, 72, 124
Parmesan 56, 88
Pastinake 52, 72
Peperoni 68
Petersfisch 8, 50
Petersilie 48, 62, 74, 84, 104
Pfanne 42, 52, 54, 56, 58, 64, 68, 72, 74, 90, 92, 106, 114, 118, 123
Pinienkerne 56, 123
Pinzette 10, 17
Plattfische filetieren 19
Pulpo 9, 33, 116
Pulpo vorbereiten 33
Pumpernickel 62

Q
Qualität und Frische 5

R
Räucherchips 92
Red-Snapper 8, 50, 52, 54, 125
Rogensack 21, 22
Rosmarin 60, 84
Rote Beete 46
Rucola 48, 74, 123
Rundfische filetieren 14

S

Sahne	52, 72, 76, 80, 108
Saibling	8, 76, 92
Salatgurke	78, 124
Salbei	58
Sardine	8, 56
Sardellen	60
Scampi	9, 106
Schafskäse	114
Schale	31, 32
Schalotte	44, 48, 50, 52, 68, 74, 98, 106
Schinken, roh	38, 60, 102
Schere	11, 12, 19, 23, 31
Schnabel	29, 34
Schnittlauch	46, 92, 98, 102, 123
Scholle	8, 88
Schuppen	14, 71
Seelachs	8, 74
Seeteufel	8, 23, 41, 58, 104
Seeteufel auslösen	23
Seezunge	9, 60

Sellerie	68
Senf	62, 70, 123
Sojasauce	42, 90, 94, 112, 118
Speck	123
Spinat	66
Strudelblätter	80
Suppengrün	116

T

Tabascosauce	118
Techniken	12
Teriyaki-Sauce	104
Thunfisch	9, 62, 64, 112, 122
Thymian	54, 84, 92, 98, 100, 108, 114, 116
Toast	46, 62, 66, 74, 88, 108, 118
Tomate	48, 50, 58, 60, 68, 108, 110, 116, 123, 124
Topf	38, 44, 78, 90, 108, 122
Tortellini	58
Tortilla-Chips	110
Tubus	26, 28

U	
Übersicht über die Fische und Meeresfrüchte	8
V	
Vanille	98
W	
Wacholder	78
Walnuss	50
Weißwein	50, 52, 60, 78, 108, 116
Wirsing	76
Wolfsbarsch	9, 51, 94
Z	
Zander	9, 76, 80, 108
Ziegenfrischkäse	102
Zitrone	42, 46, 86, 92, 98
Zitronengras	52, 90, 104, 106
Zubehör	10
Zucchini	48, 50, 52, 58, 72, 123
Zwiebel	62, 66, 72, 78, 84, 110, 124, 125

Karsten „Ted" Aschenbrandt, 1971 in Bonn geboren, ist dem Rheinland bis heute treu geblieben. Das Grillen und seine Leidenschaft für Lebensmittel hat er inzwischen zu seinem Beruf gemacht. Neben der Konzeption und Leitung von Grill- und BBQ-Seminaren für verschiedene Hersteller und Fachhändler stehen zahlreiche Produkttests, Händlerschulungen und (Messe-) Caterings auf seinem Terminplan.

Ted Aschenbrandts Bücher und Rezepte folgen immer dem Prinzip „keep it simple" – sie sollen für jeden Leser und Hobbykoch leicht nachvollziehbar sein und eventuell vorhandene Berührungsängste vor Produkten und Zutaten nehmen.